LA LÉGENDE

DU

JUIF-ERRANT

ORLÉANS, IMP. DE G. JACOB, CLOITRE SANT-ÉTIENNE, 4.

LA LÉGENDE

DU

JUIF-ERRANT

PAR

CHARLES SCHOEBEL

de la Real Associação dos Architectos civis e Archeologos
portuguezes, etc., etc.

PARIS
MAISONNEUVE ET Cie, LIBRAIRES-ÉDITEURS
25, QUAI VOLTAIRE, 25

—

1877

AVANT-PROPOS

C'est ici la seconde partie d'une trilogie de l'humanité dont la première, déjà publiée, porte le titre : « *Le Mythe de la femme et du serpent,* » et qui se terminera par « *L'Histoire des trois Mages.* »

Nous expliquerons notre conception quand nous publierons cette troisième partie. En attendant, nous disons que, en toutes choses, c'est le type qui importe. Le type est le but qu'il est du devoir de l'homme de ne jamais perdre de vue. Pour l'atteindre, ou du moins pour en approcher autant que possible, le philosophe se sert des formules, des axiomes, des maximes, des lois et autres propositions que lui fournit la science, autant d'outils au moyen desquels le savant règle ses recherches, contrôle et expose les résultats qu'il a obtenus, marque le chemin qu'il a réussi à parcourir et mesure la route qui lui reste encore à faire.

Mais c'est là un travail rationnel et méthodique, et l'homme du peuple en est incapable. Pourtant, comme il est homme, et que, tout comme le savant et le philosophe, il peut dire :

Homo sum : humani nihil a me alienum puto,

il se sent poussé à satisfaire les aspirations qui l'agitent, et il y parvient tant bien que mal par des symboles qui s'appellent mythes, fables, légendes ou contes. Cela manque de précision et de clarté ; mais pour qui sait débrouiller ces expressions de sentiments confus et obscurs, il est démontré, qu'au fond, l'humanité s'y dépouille de ses enveloppes grossières et y apparaît en son état typique de réalité idéale.

Rien d'ailleurs n'est plus positif : l'humanité est, en principe, une idée, un idéal. Par ainsi, seulement, on explique comment il se fait qu'elle vit sur les idées et trouve à les méditer sa plus grande volupté. Il est incontestable que dans ces moments où il éprouve un bonheur pur et sans mélange, l'homme ne se sent ainsi enlevé à l'état habituel de la vie que par l'intelligence, et l'objet de l'intelligence est toujours une idée pure, ou y revient. Oui, toujours, quand même cet objet s'appellerait le matérialisme de Lametterie ou de Hobbes, de Cabanis ou de Büchner.

Ce qui donne en ce sujet le change aux esprits appesantis ou distraits par les intérêts vulgaires et les met facilement en désarroi, c'est la difficulté qu'ils éprouvent de s'élever au-dessus d'eux-mêmes et, partant, leur incapacité de s'expliquer clairement ce que c'est que l'idée : καὶ εὑρόντα εἰς πάντας ἀδύνατον λέγειν (1). De là, entre le commun des spiritualistes et des matérialistes une irritation perpétuelle se traduisant en disputes qui vont jusqu'aux injures, chacun des partis croyant posséder seul la bonne et vraie formule. Le sage, qui voit toutes choses comme il est bon de les voir, ne s'inquiète pas des agissements et des prétentions de la plèbe philosophique; il se demande bien comme le Romain : Qu'est-ce que la vérité? Mais, sachant qu'il est insensé de l'affirmer réellement présente dans aucun contingent, soit physique, soit moral, il se contente de saisir intuitivement la réalité de l'Être, et de l'exprimer par une formule scientifique abstraite ou par une allégorie.

Du reste, pour se faire comprendre par tout le monde, le sage est obligé de parler comme tout le monde. Il

(1) *Timæus*, p. 28. *Et inventum indicare in vulgus nefas.*

jette donc les idées transcendantes dans le moule des images, tout comme il le fait quant aux choses concrètes, sociales ou historiques. Pour le peuple, pour les masses, il n'y a pas de grand enseignement philosophique direct possible. Le vulgaire est inconscient par nature, et tout ce qui l'agite prend, sous l'expression linguistique dont il le revêt, le cachet poétique, à coup sûr, mais délusif, que nous voyons imprimé aux mythes, aux légendes, aux fables et aux contes. Il y a là un besoin si impérieux, que le sage est obligé de s'y conformer, et c'est ainsi qu'il se fait que les événements les plus positifs et les plus avérés prennent avec le temps une teinte légendaire, c'est-à-dire symbolique, que la critique la plus détersive ne réussit pas toujours à dissiper. Qu'on essaie donc de me dire, par exemple, si c'est un fait réel, ou une légende, ce qu'on raconte de Genséric, savoir qu'au moment de faire voile du port de Carthage, le maître pilote aurait demandé au destructeur de Rome : « Où allez-vous? » A quoi le Vandale aurait répondu : « Où Dieu me poussera, *Quo Deus impulerit* (1). »

Retenons l'exemple. Il y a là une transition toute trouvée au sujet que nous traitons dans les pages qui

(1) Procopius, *De Bello Vandalico*, I, p. 188.

vont suivre. Le héros vandale fut en effet le chef d'une nation qu'on peut appeler le Juif-Errant parmi les peuples, et lui-même, il navigua le plus souvent, à ce qu'il semble, au vent du hasard. Au reste, peu importe. Si on conteste que le Vandale puisse être mis en parallèle avec le Juif, il faudra toujours convenir que l'esprit symbolique populaire a rendu confuse la vision concentrée en principe sur des faits historiques dont nos deux personnages sont censés être les représentants. Toutefois, l'historicité de Genséric n'a pas pu être absorbée par la légende à l'égal de celle que je suppose à Ahasvérus. Le Juif-Errant est devenu une véritable énigme. Mais plus le voile dont se couvre une légende est épais, plus le chercheur se sent poussé à vouloir jouir de l'évidence de son état premier. Tout adepte de la mythologie comparative est un Damétas auquel Galatée, courant se cacher, lance une pomme. Il se jette sur la pomme, arrive aux saules et veut découvrir la nymphe. Comme Galatée, le mythe se laisse faire; mais les compétiteurs sont nombreux, et souvent, à moins d'être constitués en société d'admiration mutuelle, ils se montrent de difficile composition. L'exclusivisme des savants, membres de quelque *mutual praise Society*, est aussi violent que la jalousie des amants, et volontiers ils passeraient des paroles malséantes à des arguments de police pour mettre en interdit le chercheur assez hardi et assez indépendant pour ne pas se conformer aux dispositions qu'il plaît à leur cuistrerie tyrannique ou à leur hypocrite puritanisme d'établir, de maintenir et d'exploiter.

J'espère toutefois qu'ils ne trouveront rien dans ces recherches sur la légende du Juif-Errant qui puisse les faire crier assez pour effrayer les simples. Au reste, qu'ils sachent que la seule chose qui m'importe, c'est de suivre constamment le conseil de l'intègre et clairvoyant Seume :

Versuche nur um gut und fro zu leben,
Und deinen musenstunden salz zu geben,
Und lache wenn der tadler zischt.

« Tâche de vivre sans peur et sans reproche, de donner du sel à tes heures de loisir, et moque-toi des sots. »

LA LÉGENDE

DU

JUIF-ERRANT

Et pour lui la tombe
Ne s'ouvre jamais !
(*J.-E.*, de Scribe.)

I

La légende de ce personnage original, qui ne peut pas perdre la vie parce qu'il a perdu la mort, est fort connue ; mais peut-on dire que, généralement parlant, elle soit très-populaire ? (1) Ce qui prouve que non, c'est qu'elle

(1) En France, on a essayé de lui donner ce caractère en y introduisant l'élément comique. Ainsi, la complainte faite par un anonyme en 1805 contient cette strophe :

Je donnerais tout mon *quibus*
Pour monter dans un omnibus.
Mais cinq sous ne suffisent plus ;
C'est six que réclame
Un cocher sans âme.

(V. *Chants et chansons populaires de la France*, 25e liv.)

n'a donné lieu, tant en français qu'en allemand, qu'à un seul dicton ou à un seul proverbe, et aucune autre langue ne vient, que je sache, y en ajouter un second. Quand on a dit en français : « C'est un juif-errant, » ou : « C'est un vrai juif-errant », et en allemand : *Das ist der ewige Jude*, ou : *Er ist wie der ewige Jude*, on a épuisé le trésor linguistique que le peuple a amassé au sujet de notre héros (1).

Pourquoi cette indigence ? Évidemment, c'est parce que, pour arriver à la grande popularité, il faut que le sujet d'une fable ou d'une légende saisisse vivement l'imagination de la foule. Marcher, marcher toujours, la belle affaire ! Tout le monde croit pouvoir le faire, et, en tout cas, un tel acte, comme celui de dormir toujours, n'a rien de bien séduisant. Les Sept-Dormants (2) ne nous charment pas plus que l'homme qui court toujours. Si vous

(1) Cette légende du Juif-Errant, l'homme qui marche toujours, a inspiré à un dramaturge la pensée de le baptiser du nom d'*Iglouf*, expression légèrement masquée de *ich lauf*, je cours. L'auteur s'appelle Caignez, et sa pièce fut représentée en 1812 sur le théâtre de la Gaîté.

(2) C'est, je crois, Grégoire de Tours qui a été le premier à nous faire connaître cette légende (V. *Epistola ad Sulpitium Bituriensem*) dans ses Œuvres traduites par l'abbé de Marolles, II, 712 ; cf. p. 148. Il y a deux légendes distinctes, ou même trois. V. d'ailleurs Paul Warnfrid, dit Paul Diacre, mort en 801 (*De gestis Longobardorum*, I, c. 4), puis le Byzantin Métaphraste, au Xe siècle ; enfin les Bollandistes (*Acta Sanctorum*, julii XXVII, t. VI, p. 375 sqq.). Déjà Grégoire de Tours distingue ceux d'Éphèse de ceux de Marmoutiers (Mairmoutier). « Ceux-cy ne sont pas les mesmes, » dit-il ; mais l'abbé Marolles se trompe quand il ajoute qu'il les croit les mêmes « desquels a parlé Paul Diacre. » Les Sept-Dormants de Warnfrid reposent *in extremis Germaniæ finibus, in ipso Oceani littore, antrum sub eminenti rupe*. Avec cette indication-là, il est loisible de placer les *septem viri longo sopiti sopore* dans l'*Ultima Thule*, que Müllenhoff voit dans l'île d'Unst aux Shetlands.

voulez vivement intéresser le peuple, parlez-lui de travaux qui exigent, pour être accomplis, une grande ruse, une grande force ou une grande adresse ; parlez-lui du Renard, d'Hercule ou de Tell. Sortir triomphant de situations difficiles ou désespérées par les ressources d'une intelligence pénétrante et déliée, à l'exemple du renard dans certains contes du Panćatantra, des Avadânas, de Kalîlah et Dimnah, et surtout dans cette grande satire du moyen âge qui porte le nom même du Renard (1), ou bien soulever le monde et le porter sans broncher comme le fit le grand Christophe (2), ou, enfin, faire un maître coup comme Guillaume Tell, car en Suisse on s'imagine que c'est arrivé (3) ; voilà des actes qui rendent un nom célèbre du levant au ponant et le placent *ex æquo* avec les talents auxquels est réservé, dit Salluste, une gloire éclatante et durable.

Après cela, il faut dire que la célébrité ne manque pas non plus au Juif-Errant ; beaucoup de poètes et de romanciers se sont inspirés de ses faits et gestes ; sa légende a surtout servi de sujet à nombre de dissertations académiques et de traités théologiques. Et là est peut-

(1) Voy. aussi Mone, *Anzeiger für Kunde der deutschen Vorzeit*, V, col. 451 sqq., et al.; 437 sqq. Il serait facile de citer une infinité d'autres ouvrages où le renard tient une place considérable. Par exemple, on nous assure que le Talmud renfermait trois cents fables relativement au renard. Elles n'y sont plus. (V. Brüll, *Jahrbücher für jüdische Geschichte*, II, 153.)

(2) *Super te totum mundum habuisti*, lui dit le Christ. (Jac. de Voragine, *Legenda aurea*, XCV, Lugduni, 1486, fol. OI, verso).

(3) H. Pfannenschmid a traité à fond ce sujet, et maintenant le dernier voile qui couvrait encore maître Tell est déchiré. (Voy. *Germania*, X, p. 1 sqq.)

être la raison pourquoi les livres du peuple, les *Volksbücher*, le connaissent si peu : c'est un sujet théologique. Rarement les livres populaires parlent de notre héros, et les chansons vraiment anciennes l'ignorent entièrement. On ne trouve la légende du Juif-Errant, ni dans le *Cor magique*, *des Knaben Wunderhorn*, ni dans la grande collection des *lieder* historiques de Liliencron, où d'ailleurs les chansons sur les juifs ne manquent pas, ni dans le répertoire si riche pourtant de Mone. La plus ancienne « complainte d'un juif encore vivant, errant par le monde », ne remonte pas au-delà du dix-septième siècle (1) ; et la ballade anglaise *The wandering Jew*, que, pour la première fois, on trouve publiée en 1700 (2), n'est peut-être pas plus vieille que la complainte belge que reproduit la complainte mirifiquement enluminée d'Epinal et autres lieux (3).

Le Juif-Errant n'est donc pas une vraie légende primitive ; l'antiquité l'ignore, et il paraît que c'est aussi le cas pour l'Église. Pour l'antiquité, la chose va de soi, puisque notre légende se rattache à la passion du Christ; mais cette attache pourrait bien ne venir que de la transformation d'un fonds ancien. En effet (disons-le par anticipation), nous saisissons, sous la forme actuelle du sujet que nous étudions, un mythe qui se rapporte, en

(1) On la trouve dans un petit in-8° de 16 pages, imprimé « à Bordeaux, jouxte la coppie imprimée en Allemagne, 1609, » portant ce titre : « Discours véritable d'un Juif errant, lequel maintient avec parolles probables avoir esté present à voir crucifier Jésus-Christ. »

(2) Par Pepys, *Collection of English Ballads*. De là elle a passé dans les *Reliques of ancient English Poetry by Thomas Percy*, II, p. 316, éd. 1847. La première édition remonte à 1775.

(3) Communément, il est vrai, on la date de 1775.

premier lieu, au mouvement perpétuel de l'atmosphère et aux redoutables phénomènes que ce mouvement provoque. « C'est le Juif-Errant qui passe, » disent encore aujourd'hui les paysans de Picardie après un de ces coups de vent qui s'élèvent soudain au milieu d'une atmosphère tranquille et par un beau jour d'été. La mythologie védique a personnifié ces faits cosmiques dans les dieux Indra et Rudra, se ruant avec leurs créatures, les Maruts, sur les Vritras conduits par Ahi ; et, dans les croyances germaniques, le même rôle, sous une forme qui garde quelque chose d'humain, est rempli, par Wodan et la foule de ses élus, les Einherjar, se combattant réciproquement, comme aussi par Widar, le fils d'Odhinn, courant sus au loup Fenris, appelé ailleurs Sköll et Hati, surnommé Managarm (1), chien lunaire.

Dans ces données, notre légende ne serait pas non plus sans filiations avec l'antiquité classique. S'il ne nous paraît pas possible d'y rattacher le mythe d'Hécate, l'archère; ceux de Persée, de Bellérophon, de Mars et d'autres encore se présentent sous un aspect qui nous permettra de les utiliser.

La légende du Juif-Errant, dans la forme où nous l'avons, ne s'est répandue en Europe que depuis le XVIe siècle. Créée sans doute en Orient, dans la primitive Église, comme on pourrait le conclure d'un passage de Grégoire de Tours que nous donnerons plus loin, nous n'avons néanmoins, quoi qu'en dise la com-

(1) Suivant ses diverses fonctions d'avaleur du soleil ou de la lune. (*Grimnismal*, st. 39; *Wafthrudnismal*, st. 46; *Gylfaginning*, 12. Cf. Simrock, *Handbuch der deutschen mythologie*, p. 27.)

plainte (1), le témoignage d'aucune écriture pour l'affirmer positivement ; il n'en est parlé ni dans les évangiles apocryphes, ni dans Josèphe, ni dans Eusèbe, ni dans Socrate, ni dans Sozomène, ni dans l'ouvrage d'aucun Père de l'Église. Elle est cependant de provenance théologique ; c'est un homme d'église qui l'a fixée en Allemagne. Pourquoi en Allemagne? Il y a pour cela plusieurs raisons, et d'abord cette raison générale que le peuple allemand est le fabricateur de légendes par excellence ; il est, on peut le dire, toujours en travail de légendes. Puis, spécialement, le Juif-Errant trouvait en Allemagne le terrain tout préparé par le mythe de Wodan *vegtamr*, le dieu qui est sans cesse par voie et par chemin, et se transforme de bonne heure en chasseur perpétuel. Enfin, ce n'est guère qu'en Allemagne que l'esprit populaire a pu s'éprendre du Juif comme sujet d'une légende renouvelée sur un fond ancien, parce que c'est en Allemagne seulement que les juifs ont toujours joui d'une sorte de popularité (2). De tout temps, le peuple y a aimé à occuper son imagination des faits et gestes des juifs, ce qui ne l'a pas empêché, il est vrai, de les persécuter ; le mot *judenhatz*, qui n'a d'équivalent dans aucune autre langue, est caractéristique à cet égard, et déjà Charlemagne y a

(1) N'êtes-vous pas cet homme
De qui l'on parle tant,
Que l'Écriture nomme
Isaac Juif-Errant?
(St. 10.)

(2) On y voit, ce qui est presque inouï ailleurs, des chrétiens adopter la religion mosaïque. Ainsi, en Prusse, dix-neuf chrétiens se sont faits juifs en 1875, l'année de la dernière statistique religieuse.

préludé par certaines dispositions de ses Capitulaires (1). Mais, en aucun temps du moins, on ne les y a mis au ban de la terre natale, comme on l'a fait en Angleterre, en France (2), en Espagne, en Sicile, en Russie (3) et ailleurs ; le chez soi était inviolable, suivant l'ancien droit germanique ; je ne pense pas non plus qu'on les y ait pendus par les pieds (4). Les rois d'Allemagne, et, avec eux, les ducs et autres grands vassaux, juraient, à leur avènement, la paix aux juifs tout comme aux chrétiens (5). Les termes de leur promesse reviennent constamment à ceux dont se servit l'empereur Frédéric II : *Judei omni die et omni tempore firmam pacem habebunt in personis et in rebus*.

Voilà donc plus de raisons qu'il n'en faut pour expliquer qu'une légende dont un juif est le héros éclot sur le sol allemand préférablement à tout autre pays, et pourquoi aussi elle y subsiste encore depuis le jour où elle

(1) V. *Monumenta Germaniæ historica*. Leges, I, p. 194.

(2) C'est à Charles VI, le roi qui tomba en démence, ou à ceux qui gouvernaient en son nom, que les juifs durent de vider promptement les pays de Languedoyl comme de Languedoc, « par saine et meure deliberacion, » dit l'arrêt. (V. *Ordonnances des rois de France*, VII, p. 676, ad an. 1394.) Déjà ils avaient été bannis une première fois par Philippe-Auguste, en 1182. Mais ce roi a été assez humain pour les rappeler.

(3) En Russie, les juifs sont toujours encore considérés comme des hôtes étrangers, *inostránnie gósti*, et il leur faut, de père en fils, une permission de séjour délivrée par la police.

(4) C'est ce que rapporte, pour les juifs du Midi, Bernard de Gordon, médecin de Montpellier, au commencement du XIVe siècle. (*Hist. litt. de la France*, XXV, p. 328.)

(5) V. *Monum. Germ. hist.* Leges, t. II, p. 60, ad an. 1103 ; p. 267, ad an. 1230 ; p. 368, ad an. 1254 ; p. 375, ad an. 1255, et al.

apparut, pour ainsi dire subitement, à Hambourg, un jour d'hiver de l'an 1547. C'est d'ailleurs dans les pays avoisinant cette ville qu'elle est demeurée le plus vivace. Il n'y a pas encore longtemps qu'on prétend avoir vu le Juif-Errant à Lunebourg et dans le Sundewitt, vis-à-vis de l'île d'Alsen, à l'endroit où sont les fameuses redoutes de Düppel. Notre héros, dit-on, n'avait pas l'air vieux, malgré ses dix-neuf siècles d'âge, et ne demandait à personne à boire ni à manger (1).

De Hambourg, ville de commerce universelle, la légende, allant, comme l'amante de Properce, où il plaisait au vent, *vento quolibet*, se répandit étonnamment vite. « Dans toute l'Europe, il n'est question que du Juif-Errant », disait déjà, en 1610, Rodolphe Boutrays, *Boterius* de son nom latin, avocat au parlement de Paris. On voyait passer notre Juif dans toutes les grandes villes, depuis Moscou jusqu'à Madrid (2), et partout on y croyait, sauf peut-être en Italie, d'où une tradition le fait revenir par la route fort incommode du glacier de la Furca, sur les confins du Valais. Les Italiens, comme de juste, n'aiment que les légendes et les superstitions romaines. Cependant, à Paris aussi, où, suivant Boulenger, autre avocat, quelques personnes disaient l'avoir vu, en 1604, il n'a pas pu s'acclimater. Mais on sait que

(1) Müllenhoff, *Sagen, Märchen*, etc., *aus Schleswig, Holstein und Lauenburg*, p. 160, 547. Il n'y a que la relation de Louvet (*Hist. et Antiquitez du diocèse de Beauvais*, II, p. 678, Rouen, 1635) qui dise que le Juif-Errant quêtait dans les maisons, lors de son apparition dans cette ville, en octobre 1604.

(2) Cf. Thomas Bartholinus ap. Hadeck, A, 2, recto : *Qui nuperis annis maximam Europæ partem emensus.*

les Parisiens sont sceptiques, et les avocats payés pour l'être. Aussi, les deux jurisconsultes que nous venons de citer ne se gênèrent-ils pas pour dire leur sentiment sur l'apparition du pèlerin. *Credat Judæus Appella !* s'écrie Boulenger (1), et Boutrays s'excuse auprès du lecteur de rapporter la fable. *Vereor*, dit-il, *ne quis nugarum anilium probro me afficiat, si quæ tota Europa narratur, de Judæo coævo servatoris Christi fabulam huic paginæ inseram*, etc. (2). Cependant, en Allemagne non plus les incrédules ne manquèrent pas, ainsi que nous le voyons par la *Relation* du pasteur Hadeck qui l'écrivit en 1681 (3), et par le candidat en théologie Christophorus Schultz, dont la *Dissertation* date de 1698. Ce dernier prétend que la crédulité a joué un tour à l'adolescence (4) de celui qui vit, le premier, le héros de notre légende en 1547, et sous les auspices duquel le Juif-Errant fut introduit en Allemagne, et probablement même en Europe.

Mais c'est peut-être à la jeunesse de son parrain ou du moins à l'ardeur ecclésiastique de cet introducteur, en quête d'un *argumentum fidei christianæ*, que le Juif-Errant doit de n'avoir jamais pu s'établir solidement dans la croyance générale et conquérir une véritable popularité, celle qui assure aux légendes une place au foyer domestique

(1) *Historia sui temporis*, l. XI, p. 357, in-fol.

(2) Botereii *De rebus in Gallia commentar.*, l. XI, t. II, p. 172.

(3) Joh. Georg Hadeck, *Relation eines Wallbruders mit Nahmen Ahasverus ein Jude, welcher bey der Creutzigung des Herren Christi gewesen, und von da annoch herumb wallen und leben soll*, §§ III, IV.

(4) *Juvenes autem creduli sunt.* (Christophorus Schultz, *Dissertatio historica de Judæo non-mortali*, etc., § XII; Regiomonti, 1698, in-4°.) La thèse fut soutenue le 26 janvier 1689.

et dans la chambre des nourrices. Sans doute, une complainte (nous l'avons déjà citée) se fait jour à Bordeaux, dès le commencement du XVIIe siècle, en 1609 (1); mais sa facture et aussi les paroles du Juif montrent bien qu'elle n'est pas l'œuvre du peuple. Je la transcris pour que le lecteur en juge :

Le bruit courant, ça et là par la France,
Depuis six mois qu'on avoit esperance
Bien tost de voir un Juif qui est errant
Parmy le monde pleurant et souspirant.

Comme de fait en la rare campagne
Deux gentils-hommes au pays de Champagne
Le rencontrerent tout seulet cheminant,
Non pas vestu comme on est maintenant.

De grandes chausses il porte a la marine,
Et une juppe comme a la Florentine,
Un manteau long jusques en terre trainnant
Comme un autre homme il est au demeurant.

Ce que voyant lors ils l'interrogerent
D'oú il venoit et ils luy demanderent
Sa nation, le mestier qu'il menoit,
Mais cependant tousiours il cheminoit.

Ie suis dict-il Juif de ma naissance
Et l'un de ceux qui par leur arrogance
Crucifierent le Sauveur des humains
Lorsque Pilate en lava ses deux mains.

(1) V. ci-dessus, p. 14. Il est dommage que van den Bergh, *De Nederlandsche Volksromans,* ne nous fasse pas connaître la complainte que, dans le même siècle, les chanteurs populaires produisirent en Hollande sous le titre : *Een echt verhaal van den Joodschen wandelaar,* p. 91.

Il dit aussi qu'il a bien souvenance
Quand Iesus-Christ, à tort receut sentence,
Et qu'il le vit de sa croix bien chargé
Et qu'à sa porte il s'estoit deschargé.

Lors le Juif par couroux le repousse,
L'iniuriant et plusieurs fois le pousse,
En luy monstrant le supplice apresté
Pour mettre à mort sa haute Maïesté.

Nostre Seigneur bien ferme le regarde,
En luy disant : A cecy prens bien garde,
Ie reposeray et tu chemineras,
Partant regarde a ce que tu feras.

Tout aussi tost le Juif meit à terre
Son petit fils, et s'encourut grand erre
Mais il ne sçeut iamais en sa maison
Mettre les pieds en aucune saison.

Hierusalem, le lieu de sa naissance,
Femme et enfans ne fust en sa puissance
Iamais de voir n'y pas un sien parent,
Et par le monde s'en va ainsi errant.

De son mestier cordonnier il dict estre,
Et à le voir il semble tout champestre.
Il boit et mange avec sobrieté,
Et est honneste selon la pauvreté.

Longtemps il fut au pays d'Arabie,
Et aux deserts de la triste Libie,
Et a la Chine en l'Asie Mineur,
Iardin d'Eden et du monde l'honneur.

Comme en semblable en la sterile Afrique,
Au mont Liban, au Royaume Persique,
Et au pays de l'odoreux levant.
Tousiours il va son chemin poursuyvant.

N'aguere estoit en la haute Allemagne,
En Saxonie, puis s'en va en Espagne,
Pour s'en aller les Anglois visiter,
Et nostre France puis apres habiter.

Pour estre about de son pelerinage
Et accomplir son désiré voyage,
Il n'a plus rien qu'un tiers de l'Occident
Et quelques Iles pour aller Dieu aydant.

Tout cela le iugement faict attendre
Il faut de Dieu, et repentant se rendre
Afin, dict-il, qu'entre les reprouvez
Par nos merites nous ne soyons trouvez.

Ie fay, dit-il, icy bas penitence,
Touché ie suis de vraye repentence,
Ie ne fay rien que d'aller tracassant,
De pays en autre demandant en passant.

Quand l'univers ie regarde et contemple
Ie croy que Dieu me fait servir d'exemple
Pour tesmoigner sa Mort et Passion,
En attendant la Resurrection.

N'est-il pas vrai que cette complainte est trop savante pour avoir été composée par un homme du peuple ?

II

Des légendes d'individus errants par le monde ont existé de tout temps chez tous les peuples, et le motif en est clair. En effet, qui ne voit que dans sa généralité ce motif n'est autre que la nature même de l'existence? Elle est toujours *in fieri,* c'est-à-dire dans un va-et-vient perpétuel. Mais pour qu'il y eût, en ce sujet, des symboles spéciaux, il fallait des motifs spéciaux, et de tels motifs se trouvent nommément dans les traditions d'hommes qui, en punition de quelque faute notable, sont condamnés à ne pouvoir tenir en place. C'est le cas du Hollandais volant :

> De naufrage en naufrage, il échappe à la mort.

C'est aussi celui du Juif-Errant.

Cependant, en tant qu'elle roule sur la personnalité d'un juif et surtout d'un juif coupable, la légende du Juif-Errant, nous l'avons déjà vu, n'est pas une légende primitive. Elle ne le devient que par sa filiation avec la légende du Chasseur sauvage qui, elle-même, se rattache étroitement au mythe de Wodan ou Odin, l'habitué des routes, *vegtamr* (1), toujours par voie et

(1) « Je m'appelle *Vegtamr,* » dit Odhinn dans l'ancienne Edda. (V. *Vegtamskvidha*, st. 6.)

par chemin, ainsi qu'il convient aux mouvements atmosphériques qu'il personnifiait, dans les croyances des anciens Germains. Reste à savoir comment Wodan le chasseur est devenu un *Juif*. Je ne me l'explique que par une sorte de compromis entre le merveilleux païen et le merveilleux chrétien. On a rapporté au personnage errant, qui hantait depuis longtemps les imaginations, la sentence que Jésus, après sa résurrection, est censé émettre sur le compte d'un *Juif*. Ce Juif n'était autre que le *bien-aimé* Jean, pêcheur sur la mer de Galilée. Ce compromis était d'autant plus facile que le héros du conte arménien que nous allons reproduire tout à l'heure se nomme Cartaphilus, mot qui signifie « bien-aimé ». On ne peut en douter, c'est la légende de ce Cartaphilus qui a donné lieu, tout d'abord, à la transformation du chasseur en Juif, et, par suite, à faire du Juif un homme errant. Le Juif *quem diligebat Jesus*, Cartaphilus (Κάρταφιλος) appartient au fond à un tout autre cycle de légendes, à un cycle dont les personnages demeurent, mais ne sont pas errants. Jésus avait dit, par rapport à son « bien-aimé » : « Si je veux qu'il demeure jusqu'à ce que je vienne, que vous importe ? » Sur cela, ajoute le texte (et cette remarque est précieuse en ce qu'elle nous montre combien est instantanée, parmi le peuple, la formation des légendes), sur cela, il courut un bruit parmi les frères, que ce disciple ne mourrait point (1).

Mais voilà entremêlés et confondus, dans la légende du Juif-Errant, des éléments qui proviennent de trois cycles différents : le Chasseur donne la main à Cartaphilus qui,

(1) Joan., XXI, 21 sqq. Cf. Matth., XVI, 28.

par saint Jean, rentre dans le cycle d'Enoch, d'Élie et d'autres personnages encore, comme nous le voyons par des fables arabes et chrétiennes que nous aurons occasion de mentionner.

Cependant, reproduisons le récit qui a principalement contribué à constituer notre légende. On lit dans la *Grande Chronique* de Matthieu Pâris (1) :

« Un archevêque de la Grande Arménie, recommandé par le pape, et dont la véracité était garantie par un bref du Souverain-Pontife, vint, en 1228, dans le beau pays d'Angleterre, pour y visiter les reliques des saints et les lieux consacrés, après l'avoir fait dans les autres royaumes. Or, pendant son séjour au monastère de Saint-Alban, on l'interrogea sur le fameux Joseph, lequel était présent à l'époque de la passion du Sauveur, lui a parlé et vit encore en témoignage de la foi chrétienne : *qui adhuc vivit in argumentum fidei Christianæ*. Un chevalier d'Antioche, de la suite du prélat, lui servant d'interprète, dit en langue française : « Mon seigneur connaît bien cet homme, et avant qu'il partît pour le pays d'Occident, ledit Joseph mangea, en Arménie, à la table de mon seigneur l'archevêque, qui l'avait déjà vu et entendu parler plusieurs fois ». Comme on lui demandait ce qui s'était passé entre Notre-Seigneur Jésus-Christ et ledit Joseph, il dit : « Au temps de la Passion, lorsque Jésus-Christ, saisi par les Juifs, était conduit dans le prétoire devant le gouverneur Pilate, pour être jugé par lui, et que les Juifs l'accusaient avec fureur, Pilate, ne

(1) Matthæi Paris *Historia major*, p. 352, in-fol., éd. Will. Wats. Londini, 1640.

trouvant en lui aucun motif de le faire mourir, leur dit : « Prenez-le et jugez-le selon votre loi. » Mais comme les clameurs des Juifs devenaient plus violentes, Pilate, sur leur demande, mit en liberté Barrabas et leur livra Jésus pour être crucifié. Or, tandis que les Juifs entraînaient Jésus hors du prétoire, Cartaphile, portier du prétoire de Ponce Pilate, *prætorii ostiarius et Pontii Pilati,* saisit le moment où Jésus passait le seuil de la porte, et le frappa avec mépris d'un coup de poing dans le dos, en lui disant d'un ton railleur : « Va donc, Jésus, va donc plus vite ; qu'attends-tu ? » Jésus se retourna, et, le regardant d'un œil sévère, lui dit : « Je vais et tu attendras que je sois venu «, selon qu'il serait dit plus tard par l'évangéliste : « Le fils de l'homme marche selon qu'il a été écrit sur lui : pour toi, tu attendras mon arrivée. *Et irridens dixit : « Vade Jesus citius, vade, quid moraris ? » Et Jesus severo vultu et oculo respiciens in eum, dixit : « Ego vado, et expectabis donec veniam ». Ac si juxta Evangelistam diceretur : « Filius quidem hominis vadit sicut scriptum est de eo : tu autem secundum adventum meum expectabis* (1) ».

On aura remarqué, en lisant ce récit, la transition au passage déjà noté de l'évangile. On en a pris occasion, je pense, pour changer la nationalité du héros de la légende, car le portier du prétoire romain n'était certainement pas de nationalité juive. Un gouverneur romain n'aurait jamais confié à un Juif la garde de son prétoire, quand Auguste jugeait que Jupiter Tonnant n'était pas trop bon pour être le portier du Capitole (2). Du reste, pour en

(1) La traduction est de Huilard Bréholles.

(2) *Tonantem pro janitore ei appositum.* (Suéton., *Augustus,* XCI.)

demeurer convaincu, on n'a qu'à considérer le parfait mépris que les Romains professaient pour les Juifs (1) : deux des plus grandes autorités de leur culture intellectuelle, Quintilien et Tacite, nous en ont transmis le témoignage. « Il est des hommes, dit le premier, que nous haïssons jusque dans leurs pères et mères ; ce sont les Juifs, horde funeste aux autres peuples, *perniciosam cœteris gentem* (2). Ce passage est décisif, à cause de la superstition romaine. Quant à Tacite, il dit des funestes Juifs pire que pendre, leur attribuant des institutions sinistres et infâmes, *instituta sinistra, fœda,* et les accusant d'une telle dissolution de mœurs qu'entre eux il n'y a rien d'illicite, *inter se nihil illicitum* (3). Le portier de Pilate était donc païen.

(1) Un Juif faisait horreur au plus vil des Romains ;
Un Juif était partout le rebut des humains.
(Ed. Grenier, *La mort du Juif-Errant,* ch. IV, v. 53 sqq.)

(2) Quinctil., *Instit. orat.,* III, 7.

(3) Tacit., *Hist.*, V, 5.

III

Le premier, à notre connaissance, qui répéta la fable rapportée par le moine Matthieu Pâris fut Philippe Mouskes, évêque flamand de Tournay, mort en 1282. Il y ajouta, d'après d'autres données sans doute, celle de l'évangéliste Matthieu par exemple (1), que Cartaphile

Ne morra pas voirement
Jusques au jour del jugement (2).

Depuis lors, notre héros s'est vu condamné à marcher, à marcher toujours :

Je suis trop tourmenté
Quand je suis arrêté,

lui fait dire la complainte française, enluminée comme on sait, par les imagiers d'Épinal et autres lieux. Cependant pour Mouskes non plus que pour le chroniqueur de Saint-Alban, il n'est pas encore question du Juif, ni

(1) Jésus dit : « Il y a quelques-uns de ceux qui sont ici qui n'éprouveront pas la mort qu'ils n'aient vu le Fils de l'homme venir en son règne. » (Matth., XVI, 28.)

(2) V. *Chronique rimée* de Ph. Mouskes, éd. Reiffenberg, II, p. 491, v. 25,545.

même d'homme errant. Le Juif-Errant, nous l'avons déjà dit, ne fait son apparition en Europe que lorsque, à ce que nous racontent le petit livre de Bordeaux déjà cité, puis un certain Chrysostôme Dudulæus de Westphalie (1) (pays de légendes s'il en fut), Paul de Eytzen ou Eitzen le vit dans une église de Hambourg (2), où l'étrange personnage, en une tenue conforme à son état de vagabond, assista pieusement au service divin. Mais laissons parler l'auteur d'une lettre datée de Schleswig, le 19 juin 1564, imprimée à Leyde l'an 1602 et traduite à Bordeaux en 1609 (3). C'est le plus ancien témoignage sur le *Juif-Errant* que nous puissions produire (4), car celui de Dudulæus *(Relation. Germanic:)* n'est que de 1645, de dix ans postérieur même à la relation de Louvet (5). Voici donc le récit de 1564 :

« Paul de Eitzen, docteur en théologie et évesque de Schlesswig, homme de foy, et recommandable par les escrits qu'il a mis en lumière, m'a quelquefois raconté, et quelques autres, qu'estudiant à Witemberg, en hyver, l'an 1542, il alla voir ses parens à Hambourg : que le prochain dimanche au sermon il vit, vis-à-vis de la chaise du predicateur, un grand homme ayant de longs cheveux qui luy pendoient sur les espaules, et pieds

(1) V. Martin Zeiller, *Sechshundert und sechs Episteln oder Sendschreiben von allerhand politischen, historischen,* etc. *Sachen,* II, p. 700, ép. 507; Ulm, 1656.

(2) Suivant Boulenger et Boutrays, il fut vu encore à Hambourg en 1564. Sa visite à Lubeck n'est que du 14 janvier 1603. (Bangert, ap. Hadeck, § III.)

(3) V. *Discours véritable*, etc., p. 2 sqq.

(4) Le plus ancien témoignage *positif.*

(5) V. ci-après, p. 42.

nuds, lequel oyoit le sermon avec une telle dévotion, qu'on ne le voyoit pas remuer le moins du monde, sinon lors que le prédicateur nommoit Iesus-Christ, qu'il s'inclinoit et frapoit la poictrine, et souspiroit fort : il n'avoit autres habits en ce temps-là d'hyver que des chausses à la marine qui luy alloient iusques sur les pieds, une iuppe qui luy alloit sur les genoux, et un manteau long iusqu'aux pieds : il sembloit à le voir aagé de cinquante ans. Ayant veu ses gestes et habits estranges, P. de Eitzen s'enquist qui il estoit : il sçeut qu'il avoit esté là quelques semaines de l'hyver, et luy dist qu'il estoit Iuif de nation nommé Ahasverus cordonnier de son mestier, qui avoit esté present à la mort de Iesus-Christ, et depuis ce temps-là a tousiours demeuré en vie, pendant lequel temps il avoit esté en plusieurs pays, et pour confrontation de son dire raportoit plusieurs particularitez et circonstances de ce qui se passa lorsque Iesus-Christ fut pris, mené devant Pilate et Herodes, et puis crucifié, autres que celles dont les historiens et Evangélistes font mention, etc. ».

Le récit continue, et, après avoir rapporté l'acte brutal du Juif que, plus tard, le théologien Joh. Jac. Schudt amplifiera en assurant qu'Ahasverus avait poussé le Sauveur en le frappant avec une forme de soulier, *calcei formula ipsum protruisse* (1), il dit : « lors Iesus-Christ le regarda ferme et luy dit ces mots : Ie m'arresteray et reposeray, et tu chemineras ».

Ainsi, dans la relation que les « deux gentils-hommes » tiennent de la bouche même de P. de Eitzen, et qui

(1) Joh. Jacob Schudt, *Compendium Historiæ Judaicæ,* III, 8, p. 461 ; Francfort, 1700.

nous a été conservée dans une lettre écrite par l'un d'eux le 19 juin 1564, comme nous l'avons déjà noté, il n'est plus question d'un portier Cartaphilus, mais bien d'un cordonnier Ahasvérus. Il y a donc deux personnages qui diffèrent l'un de l'autre, et déjà, en 1668, un candidat de théologie, Martin Dröscher, s'est appliqué, dans une dissertation spéciale, à établir cette distinction (1). Pourtant, par le fait de la remarque citée ci-dessus, de Ph. Mouskes, les deux légendes s'entremêlent pour constituer définitivement, à dater de cette année de 1547, la légende du Juif-Errant. Depuis lors, un Juif n'a pas cessé de *courir* le monde sur l'ordre du Seigneur, et de prendre le nom d'*Ahasvérus* avec le titre de *cordonnier*. Que plusieurs aient changé ce titre en savetier, *schuflicker*, *cerdo* (2), et qu'ils chaussent notre voyageur au lieu de le laisser « pieds nuds », *barfuss* (3), comme le vit Eitzen et comme l'exige d'ailleurs son caractère de proscrit (4), ce sont des détails qui ont sans doute leur importance, comme nous le verrons par la suite, mais qui ne changent pas la physionomie de la légende (5).

(1) *Dissertatio theologica de duobus testibus vivis passionis Dominicæ*, etc. *In inclita propter Salam Academia publico eruditorum examini subjicit Martinus Dröscher*, Jenæ, 1668, cap. II, § 1 sqq. Le bon licencié croit que c'est arrivé : « relationem hanc non fabulam, sed veram esse historiam. » (§§ 7, 9, 14.)

(2) Boulenger, *ouv. c.*, p. 357 ; Boutrays, *ouv. c*, p. 173 ; Christiani Solini *Holsteinische Chronica*, etc., ad an. 1606, p. 72, imprimée en 1674.

(3) Cf. aussi Hadeck, *ouv. c.*, § XII : *Hominem discalceamentum.*

(4) V. *Lex Salica*, tit. LVIII, 1, p. p. Behrend.

(5) En tout cas, il n'y a jamais eu deux Juifs-Errants, comme le

Cette physionomie nous frappe d'abord par le nom d'Ahasvérus. Ce nom est trop significatif pour admettre qu'il soit là au hasard. Mais quel peut avoir été le motif qui l'a fait choisir (1)? On sait qu'Ahasvérus, que la Bible écrit Achaschverosh, est un nom perse. On le lit *Khsayârsâ* dans les inscriptions achéménides, et le personnage qu'il désigne n'est autre que Xerxès. N'y aurait-il pas là un indice que la légende, telle qu'elle se produit soudainement à Hambourg, nous est venue de Constantinople par la voie de mer? Hambourg était la seule ville maritime qui, depuis longtemps, fût en commerce suivi avec le Levant. M. Magnin conjecture que notre légende date du temps de l'invention de la vraie croix par sainte Hélène (2). Il ne dit pas ce qui lui a suggéré cette pensée, mais je soupçonne que c'est le passage que voici de Grégoire de Tours : « Du temps de Constantin, le vénérable bois de la croix (3) de Notre-Seigneur fut trouvé

disent quelques-uns. Cluver s'en tient à la version de Matthieu Pâris (*Mundi Epitome,* Lugduni Batav., 1657, 4°, p. 713), et Dröscher distingue le païen Cartaphilus et le juif Ahasvérus.

(1) C'est une hypothèse bizarre et tout à fait insoutenable que celle de M. Pierre Dupont, qui veut qu'Ahasvérus soit par corruption le nom de Cartaphilus. (Préface de la *Légende du Juif-Errant,* p. 4; Paris, 1862.)

(2) Magnin, *Causeries et méditations,* I, 99.

(3) Une légende syrienne veut que la croix ait été faite du bois d'un arbre qui depuis ne cesse de trembler de crainte et d'épouvante, ce qui lui a valu le nom de tremble, *populus tremula, Espe.* On remarque que le bois de cet arbre ne chauffe guère; et ainsi se justifient les proverbes : trembler comme la feuille (du tremble), *wie espenlaub zittern,* auxquels, dans l'origine, a donné naissance l'état fiévreux de ceux qui ne peuvent se réchauffer. Dans un poème du XIIIe siècle, attribué à un prêtre Hermann, le bois de la croix provient

par les soins d'Hélène sa mère, sur l'avis que luy en avoit donné un Hébreu appelé Iudas, qui, depuis son baptême, fut appelé Quiriace (1). » Je trouve ainsi la conjecture de M. Magnin plausible ; elle est dans la logique de la légende. Nul autre, en effet, ne pouvait donner des indications plus sûres et plus précises pour retrouver le bois de supplice, que le survivant du temps lamentable où il avait été le témoin actif de la passion de celui à la croix duquel il avait, dit un *volksbuch*, travaillé de ses mains de charpentier. Grâce à ce petit passage du plus ancien chroniqueur que nous ayons, nous voyons poindre la légende du Juif-Errant aux limites de l'Église primitive, et si maintenant, pour expliquer le nom d'Ahasvérus, attribué à l'ennemi du fondateur de la civilisation qui continue, en la renouvelant, la civilisation grecque, nous considérons que la Perse, depuis Xerxès surtout, fut l'antagoniste le plus persévérant et le plus redoutable de l'œuvre civilisatrice du monde occidental, que la terreur qu'elle inspirait alla si loin qu'elle obligea Constantin à déplacer la capitale de l'Occident et à établir le boule-

de l'arbre de vie que Dieu transporta dans le jardin d'Abraham. (V. *Hist. littér. de la France*, XVIII, p. 834.) Remarquons que cette tradition prend sa source dans une légende bien antérieure à sainte Hélène, et remonte au temps de l'apôtre d'Édesse, Addai. Voy. à ce sujet le savant ouvrage de George Phillips, *The doctrine of Addai, the apostle*, etc., p. 10 sqq. London, 1876.

(1) Trad. de l'abbé de Marolles : « Hujus tempore venerabile crucis Dominicæ lignum per studium Helenæ matris ejus repertum est prodente Juda Hebræo, qui post baptismum Quiriacus est vocitatus. » (Greg. Tur., I, 34.) Ce nom de Quiriace est fort rare. On ne le rencontre qu'une seule fois dans les inscriptions italiques, et il y est attribué à une femme chrétienne. (V. Mommsen, *Inscriptiones R. N. latinæ*, nº 7185.)

vard de l'empire à Byzance, nous pouvons, je crois, légitimement conjecturer que la légende a imposé le nom de Xerxès ou Ahasver au Juif-Errant, pour marquer par là qu'elle accumulait sur la tête de ce maudit toute la haine que la chrétienté continuait à ressentir (1) pour les successeurs de celui qui avait juré d'anéantir notre Occident en détruisant Athènes (2). Et quand on réfléchit que la Perse est restée, jusque dans les derniers successeurs des Achéménides, jusques aux Schahpour et Khosrou, pendant plus de onze siècles (3), l'adversaire le plus acharné de notre Europe (4), on ne pourra s'empêcher d'admirer l'instinct populaire, mettant à perpétuité Ahasvérus humilié à l'état de Juif errant en face du Christ vainqueur par cette croix qu'est censé retrouver la mère du fondateur de Constantinople. Il y a là un jeu de transposition dont l'esprit qui préside aux légendes est

(1) Un poète, Ed. Grenier, semble avoir deviné le motif dont nous parlons quand il fait dire au Juif-Errant, après que celui-ci a révélé à son hôte qu'il se nomme Ahasver : « Je sais bien quel sentiment mon nom met dans un cœur chrétien. » (*La mort du Juif-Errant*, ch. II, v. 7 sq.)

(2) Hérodote, VII, 8.

(3) Depuis Darius, marchant contre l'Ionie, en 504 av. J.-C., jusqu'à Héraclius, qui, par ses victoires sur Cosroës II, débarrassa définitivement, en 628 de notre ère, l'Europe des invasions périodiquement renouvelées du Roi des rois. Il est vrai que les Khalifes les remplacèrent immédiatement, et qu'ainsi l'Orient ne cessa d'être un danger pour l'Occident jusqu'en 1683, par suite de la défaite que l'héroïque Jean Sobieski infligea à l'islam sous les murs de Vienne.

(4) Un contemporain de la guerre que le roi Qavad fit à l'empereur Anastase Ier au commencement du VIe siècle, et qui est Josué le Stylite, en rend un précieux témoignage. Sa chronique vient d'être publiée par l'abbé Martin dans *Abh. für die Kunde des Morgenl.*, VI.

d'ailleurs coutumier, et chacun a déjà nommé Néron, victime d'un quiproquo analogue.

Maintenant, quant à l'état de cordonnier dont la légende gratifie le Juif Ahasvérus, rien pour l'expliquer ne nous permet de nous appuyer sur l'histoire. Ne faut-il voir dans le ravalement d'un individu chargé du nom détesté de l'ennemi héréditaire du monde occidental qu'un raffinement de satisfaction vengeresse? Ce serait là une explication comme une autre, et on pourrait l'accepter ; elle est du moins naturelle. Rabaisser le représentant du roi des rois à l'état de savetier *(qui cerdo erat)* (1) est une vengeance qui a dû sourire à la haine populaire. Chez Gœthe qui, comme on sait, a voulu aussi s'occuper de notre légende, le Juif-Errant se tranforme en compagnon de bonne humeur et d'esprit jovial, dont Hans Sachs, le cordonnier, fournissait au poète le modèle historique (2). On peut dire que si Ahasvérus ne s'était déjà trouvé cordonnier, Gœthe, pour avoir le fil qui convenait à sa tragi-comédie, lui aurait donné cet état.

Cependant, l'expédient du poète, qui travaillait librement, ne nous est d'aucune utilité exégétique, et dès lors nous sommes forcé, si l'explication indiquée tout à l'heure ne paraissait pas acceptable, d'avoir recours à un élément mythologique. Cet élément nous est fourni par le mythe

(1) Boulenger, *l. c.;* Solinus, *l. c.:* « Wie er denn ein *Schuflicker* gewesen. » Il n'y a qu'à Paris où, anciennement, le savetier jouissait de l'estime populaire, et cela à cause du rôle qu'il s'était fait de frondeur, de chansonnier et de patriote. Voir à ce sujet une note dans le *Journal des Débats* du 16 octobre 1876.

(2) V. les fragments de la pièce dans *Der junge Gœthe. Seine Briefe und Dichtungen von* 1764-1776, par Bernays, III, 436.

du dieu Widar, et Simrock l'a déjà utilisé. On sait que Widar est le fils d'Odhinn (1), cet Ase toujours en mouvement, qui tue, dans la bataille qui précède la fin du monde, le loup Fenris, en lui plantant dans la gueule un de ses pieds chaussé d'un gros soulier (2). Il se peut bien que ce soulier d'un immortel qui marche sans cesse ait passé dans les attributions du Juif-Errant, d'abord à cause de l'analogie qu'il y a entre la destinée de Widar et celle d'Ahasvérus, en ce que l'un et l'autre assistent et survivent à la fin du monde ; puis, parce que dans leur temps l'état des chemins était tel qu'une personne qui était sans cesse par voie et par chemin ne pouvait pas se passer de chaussures. Cependant, primitivement, le dieu, pas plus que le Juif, n'était chaussé. La Voluspâ (3), c'est-à-dire l'ancienne Edda, arme le vaillant Ase, pour tuer son adversaire, d'un *hiörr,* espèce d'estoc, qu'elle lui fait planter dans le cœur du loup, *til hiarta ;* et le Juif, nous l'avons vu déjà, était *barfuss,* nu-pieds. Encore aujourd'hui, le peuple, dans certaines contrées, en fait un des signes auxquels on reconnaît l'éternel marcheur (4). Ayant coopéré à la passion du Sauveur, on lui infligeait le signe infamant de l'homicide (5). Toutefois,

(1) *Voluspâ,* st. 54.

(2) V. *Gylfaginning,* 29, 51, dans *Snorra Edda,* éd. Rask, Stockholm, 1818, p. 31, 73. — Un mythe analogue se présente dans le Mahabharata, quand le fils de Drona, chef des Kourous, tue le prince des Pandavas en pesant sur la gorge de son adversaire avec tout le poids de son pied.

(3) Les germanisants ne sont pas d'accord sur l'orthographe de ce mot. Les uns écrivent Voluspâ, les autres Völuspâ. La forme correcte est, je crois, Voluspâ.

(4) Birlinger, *Volksthümliches aus Schwaben,* I, 212.

(5) V. *Lex Salica,* LVIII, 1, déjà citée.

dés qu'on le pourvut de chaussure, il la fallut solide, car, dit-il :

Je traverse les mers,
Les rivières, les ruisseaux,
Les forêts, les déserts,
Les montagnes, les coteaux,
Les plaines et les vallons,
Tous chemins me sont bons.

Or, l'imagination populaire ne connaissait pas de chaussure plus solide que le gros soulier de Widar, *hanni hefir skó thokkvan*. C'est donc de ce soulier qu'elle a doté le Juif-Errant (1), et qui le veut voir n'a qu'à aller à Ulm ou à Berne, où, à ce que nous apprennent Rochholz et Blaas, on le conserve.

(1) « Le véritable portrait du Juif-Errant, » qu'a produit l'imagerie de Chartres à la fin du siècle dernier, le représente chaussé de *sandales*. (V. l'image chez Garnier, *Hist. de l'imagerie*, p. 76.) Le portrait d'Épinal est chaussé de demi-bottes. (V. Pellerin et Charmes, Épinal, in-18.)

IV

Cette explication de la chaussure du Juif-Errant en appelle une autre que nous donnerons tout à l'heure et qui nous paraît plus probable. Cependant la première n'est pas invraisemblable, mythologiquement parlant. Il est de fait que l'imagination populaire a ses coudées franches dans les transports et transformations qu'il lui plaît d'opérer avec n'importe quelle matière légendaire, donnée en principe. Sur un fond cosmique, historique ou psychologique, elle crée de source et d'original un mythe ou une légende primaire ; puis, après un laps de temps plus ou moins considérable, quand le peuple a perdu le lien logique intérieur de ces créations, elle y porte la confusion par des additions, par des suppressions, par des transpositions ou par des amplifications capables de faire le désespoir du mythographe, tant elles sont irrationnelles souvent et bizarres. Il y a sans doute toujours quelque analogie ; rien en ce monde ne se fait sans cela, et il est possible, ce me semble, de saisir le fil qui relie le soulier du Juif-Errant à la chaussure de Widar. Mais n'en serait-il rien, encore nous ne nous trouverions pas pour cela dans de mauvais souliers. En effet, il est très-possible que la chaussure de notre héros soit tout simplement un symbole de marche incessante ou de locomotion rapide (1). Le Chat botté justifie l'usage de ses bottes en disant : « J'ai tant à courir ! » et, à leur vue, on connait qu'il est chasseur (2). Il y a aussi un proverbe qui dit : *auf des schumachers rappen reiten*, qui répond au français « être monté sur la mule des cordeliers ». Voilà la chaussure assimilée au cheval. Or le cheval, *equus,* est la rapidité faite animal (3). La sandale de Persée le transporte au vol dans le pays de la Gorgone ; elle avait deux coudées de longueur (4), et Jason l'enviait au Titan (5), parce qu'il était toujours en expédition de chasse ou de découverte. Mais dès que, par la mort de Méduse, Persée se trouve en possession d'un cheval, le Pégase, Πήγασος ἵππος, il le préfère pour aller en Ethiopie délivrer Andromède. Il n'est pas dit, toutefois, que le Pégase dépassa en vitesse la chaussure, son équivalent symbolique. La vertu magique du cuir, *des leders zauberkraft,* comme dit le poète, vaut celle du divin coursier, et d'ailleurs la chaussure du messager de Jupiter, Διὸς ἄγγελος (*Odyss.*, v, 29), alors même que, comme chez Homère et sur les plus anciens vases, elle est encore dépourvue d'ailes, est péremptoire à cet égard.

(1) Panzer, *Beitrag zur Deutschen Mythologie*, II, p. 120.

(2) Tieck, *Der gestiefelte Kater*, I, sc. 1 et l'entr'acte.

(3) Le radical de *equus* est en effet *ak*, aller vite, comme cela est vrai aussi pour le grec ἵππος, dial. ἴκκος, le sansk. *açva*, le zend *aspa*, le lith. *aszva*, l'anc. sax. *ehu*, etc. (V. Fick, *Wörterb. der indog. Sprache*, s. v. *akva*.)

(4) Hérodote, II, 91 : σανδάλιον τεαὐτοῦ πεφορημένον εὑρίσκεσθαι ἐὸν τὸ μέγαθος δίπηχυ.

(5) V. Valerii Flacci *Argonauticon*, I, 67. — Pour atteindre aisément la Colchide, Jason désirait avoir la chaussure de Persée : *aerii plantaria vellet Perseos.*

Ailée ou non, elle est censée porter Mercure avec la rapidité de la mouette, λάρῳ ὄρνιθι ἐοικὼς (*Odyss.*, V, 51). Au surplus, sandale ou soulier, la chaussure peut se changer en botte de sept lieues (1). Donc, quand le mythe préfère au soulier le cheval, il veut dire, sans doute, que celui-ci convient mieux à un héros, par la prestance guerrière qu'il donne à celui qui le monte. Chez les anciens Germains, le vulgaire, quand il partait pour le dernier voyage, était pourvu de souliers ; le cheval était réservé aux chefs, toujours choisis parmi les guerriers héroïques de la nation.

La valeur symbolique parallèle de la chaussure et du cheval étant démontrée, on s'explique la raison de l'état de cordonnier du Juif-Errant. Si, pour être maître du cheval, il faut être cavalier, il faut, pour connaître à fond le service qu'on peut tirer de la chaussure, être cordonnier. Ainsi le héros de notre

(1) Une machine aussi énorme que les bottes de sept lieues fait soupçonner que le Petit-Poucet, qui, suivant des conteurs modernes (Perrault ; Tieck, *Däumchen*, III, 2) la vole à l'ogre (*Orcus*), est la transformation d'un démon titanesque primordial, de Wodan lui-même, peut-être en tant que Mercure ou Hermès. (Cf. Schenkl, *Germania*, VIII, p. 384.) Et ainsi s'expliquerait comment Uhland a pu dire : « Mit den Siebenmeilenstiefeln Schritt er schon *durch manch Jahrtausend.* » (Romanze vom kleinen Däumling.) Cf. Simrock, *Handb. d. D. M.*, 245, 272, 287, 474. — Gœthe a donc agi avec discernement en les restituant à Méphisto, l'*Orcus* en personne. Perrault a ingénieusement pallié à l'invraisemblance du vol en disant que les bottes étaient fées, qu'elles avaient le don de s'agrandir et de s'apetisser selon la jambe de celui qui la chaussait. Toutefois, s'il avait bien connu l'antiquité, il n'aurait pas eu besoin de recourir à cette fiction, car le Petit-Poucet est le descendant d'Hermès, enfant assis dans sa chaussure comme dans un berceau. (V. *Mus. Gregor.*, II, 81, 1, 2.)

légende est cordonnier, parce que son type mythologique est écuyer. Les deux termes se valent, pour caractériser des maîtres marcheurs et pour traverser des rivières et des mers aussi aisément que le moindre ruisseau.

Toutefois, le Juif-Errant n'est pas seulement cordonnier ; la légende lui attribue aussi l'état de charpentier, et cela surtout dans un *volksbuch*, où, de plus, on le fait naître dans la tribu de Nephtali, l'an du monde 3992, avec le renseignement édifiant qu'il fut mauvais sujet déjà à l'âge de huit ans (1). Mais les enfants de Nephtali ont en partage la rapidité ; la Genèse les compare à la biche libre, et ce symbole vaut bien celui du soulier (2). Quant à l'état de charpentier, que signifie-t-il ? Faut-il voir dans cette attribution le désir d'aggraver la criminalité de l'odieux Ahasvérus ? Il est certain que, en le faisant charpentier, la légende a pu se donner la satisfaction de dire que notre Juif avait aidé à confectionner la croix à laquelle fut attaché le Sauveur. L'explication est pour le moins plausible.

Mais tout cela, si indispensable qu'il soit d'en parler, ne nous avance guère en ce qui est de la connaissance du sens historique de notre légende. Le peuple, sans

(1) *Histoire admirable du Juif-Errant, lequel, depus* (sic) *l'an 33 jusqu'à l'heure présente ne fait que marcher*, etc. Bruges, chez And. Wyds, imprimeur de la ville, in-12, 1710. Cf. Goerres, *Teutsche volksbücher,* p. 261 sq.

(2) Si dans ce temps-là on avait connu le cheval en Palestine, et surtout le cheval sauvage que les Kirghises de la Dzoungarie appellent *koulan,* Jacob l'aurait sans doute, comme symbole d'indépendance et de rapidité, préféré à la biche.

doute, ne s'inquiète pas de cette connaissance ; au contraire, ici, comme dans toute autre légende, il ne voit qu'un moyen de satisfaire à l'aveugle besoin qui le domine de croire. L'homme réfléchi ne veut pas croire, il veut savoir ; et, bien qu'il ne puisse savoir à fond tout ce qu'il tient pour vrai, toujours cependant il n'accepte ce qu'il croit que sous bénéfice d'inventaire. Pour lui le dicton : « Rome a parlé, la cause est finie », n'a pas de sens. Cela dit, voyons si le nom d'Isaac Laquédem que, pour la première fois, à ce qu'il semble, on attribue au Juif-Errant, en Belgique (1), nous conduira sur la voie.

Isaac Laquédem, on l'avouera, est un nom curieux. Il est resté le nom du Juif-Errant dans cette chanson si populaire, dans cette complainte si brillamment enluminée qu'on réimprime sans cesse à Épinal, à Troyes, à Chartres et ailleurs encore. Il paraît cependant qu'elle est d'origine belge et qu'elle date seulement de 1774. Des bourgeois de Bruxelles avaient rencontré le Juif-Errant le

(1) Depuis la rencontre que deux bourgeois de Bruxelles firent du Juif dans la forêt de Soignes en 1640, rencontre qu'il faut distinguer d'une autre qui eut lieu en 1774 à Bruxelles même. Une rencontre tout aussi intéressante est celle que l'historien Louvet fit du Juif à Beauvais, et que nous avons citée déjà. Il vaut la peine de transcrire le passage de son *Histoire et Antiquitez du diocese de Beauvais*, II, 677, qui s'y rapporte, car l'ouvrage n'est pas facile à trouver.

« Au commencement de l'année 1604, il courut un bruit par la France que deux gentilshommes avoient rencontré en la campagne un homme qui se disoit Iuif, lequel estoit encor du temps de la Passion de Nostre-Seigneur Iesus-Christ, mesmes qu'il leur avoit dit plusieurs choses. Plusieurs personnes le veirent avec l'autheur, au mois d'octobre, en la ville de Beauvais, lequel un iour de dimanche issuë de la messe parochiale de l'Église de Nostre-Dame de la Basse-Œuvre, estoit

22 avril de l'année susdite, et il leur avait raconté son histoire, comme à leurs prédécesseurs en 1640, donnant, entre autres détails, celui-ci :

Né à Jérusalem,
Ville très-renommée,
Isaac Laquédem
Pour nom me fut donné.

Voilà certes un nom biblique, s'il en fût ; il nous transporte de plain-pied dans la Genèse.

Malheureusement, notre héros n'a pas divulgué aux bourgeois précités pourquoi il se nommait ainsi ; il nous incombe donc de chercher à le trouver. Il y a certainement une raison spéciale ; le nom est trop extraordinaire pour qu'il n'y en ait pas.

D'abord, quant au nom d'Isaac, je soupçonne que c'est une antithèse. Isaac veut dire « qui rit (1) », et le Juif-Errant ne riait pas. Personne ne l'a jamais vu rire, dit

auprès des tours de l'evesché environné de plusieurs petits enfants, auxquels il faisoit des remonstrances, parlant de la Passion de Nostre-Seigneur. L'on disoit bien que c'estoit le Iuif errant, mais neantmoins on ne s'arrestoit pas beaucoup à luy tant parce qu'il estoit simplement vestu, qu'à cause qu'on l'estimoit un compteur de fables, n'estant pas croyable qu'il fust au monde depuis ce temps-la : l'autheur eust fort desiré de discourir avec luy, et l'eut volontiers interrogé ; mais le peu d'estime qu'on faisoit de luy, luy fit perdre l'occasion de parler à luy, dont puis après il eut un grand regret : il ne laissa neantmoins de parler à plusieurs hommes et femmes de ceste ville de Beauvais, lesquels adioustèrent aucunement foy à ce qu'il leur faisoit entendre. Il demanda l'aumosne en la maison de M. Raoul Adrian, advocat, qui lui fut donnée par sa femme. »

(1) Genèse, XVIII, 12 sqq.; XXI, 3, 6.

Chrysostôme Dudulæus (1), et le *Discours véritable* (2), qui date de 1602, l'affirme aussi. Or, aucun personnage de la Bible non plus ne rit. Sara riait seulement en elle-même, בקרבה, et encore n'était-ce pas un vrai rire, mais un rire sceptique. Par ce côté donc, notre héros est déjà de la famille biblique. Toutefois, c'est le nom de Laquédem qui nous rassure entièrement à cet égard. Laquédem est un mot qui nous renvoie « à l'Orient », לקדם, « à l'origine » même de l'histoire biblique (3).

Maintenant, n'y a-t-il pas dans cet Orient hébraïque un personnage qui, dans sa « cruelle audace », commit un crime dont le châtiment lui fut annoncé par la sentence: « Tu seras agité et fugitif sur la terre » ; et qui, quoique « maudit sur cette terre » et expulsé de son pays natal, ne trouvera pas la mort par la main d'un homme (4) ? Il faut avouer que ces données, de la parabole de Caïn, s'appliquent si exactement à celle du Juif-Errant, qu'on en conclut le plus naturellement du monde qu'Isaac Laquédem est en principe la même personne que Caïn. L'un et l'autre portent un signe qui sert à les faire reconnaître. Nous ne connaissons plus celui de Caïn, mais la marque de Laquédem était en principe d'être nu-pieds, *discalcius*, peine que la loi germanique infligeait aux homicides, nous l'avons déjà rappelé.

Il y a, du reste, longtemps qu'on a pressenti l'identité des deux personnages. En Normandie, on connaît la

(1) V. Zeiller, *loc. cit.*, p. 701.

(2) *Discours véritable d'un Juif errant*, etc., p. 5. Il est traduit d'un texte qui avait paru à Leyde en 1602. Cf. Schlegel, *Die Warnung*, st. 15; *Mein Gesicht, das niemals lachet.*

(3) Cf. בקדם, *Genèse*, XI, 2; Ézéchiel, XVI, 55.

(4) V. *Gen.*, IV.

Chasse de Caïn (1). Par Caïn, on entend le Chasseur sauvage; mais, nous l'avons déjà remarqué, le Chasseur et le Juif passent pour être identiques ; le peuple les confond en un seul et même individu (2), à telles enseignes qu'il attribue au Chasseur la dureté envers Jésus-Christ qui a été fatale au Juif. Seulement, pour que cette identité devienne évidente aux yeux de la science, il faut dépouiller l'une et l'autre légende des éléments chrétiens par lesquels l'imagination populaire les a altérées depuis que le merveilleux du christianisme a pris dans les masses le pas sur les conceptions primitives. Scrutée dans ses origines, la légende du Chasseur sauvage revient, comme celle de Caïn, à une tuerie fratricide dans le séjour des héros primordiaux, et le mythe de Wodan avec ses *einherjar*, sans cesse occupés à s'entretuer ou à guerroyer contre le loup (3), nous en présente la forme que lui a imposée la mythologie germanique.

Mais Wodan ou Wotan est à la fois la personnification de la fureur (*wut*) et du vent (*vâta*) (4), qui marche toujours (*satagata*). Nous reviendrons sur sa fureur. Quant au vent, on sait que, soit que Wodan chevauche, soit qu'il vole, il va comme le sanglier, cette figure saisissante du « tourbillon » que Béranger, inspiré d'intuition, fait passer dans chaque strophe de son Juif-Errant. Wotan est ainsi conçu

(1) V. Bosquet, *La Normandie romanesque et merveilleuse*, p. 66.

(2) V. Meier, *Schwäbische Sagen*, I, 116; Simrock, *Handb. der deutschen Mythologie*, p. 225 sq., 2e édit.

(3) *Wafthrudnismal*, st. 41 ; *Grimnismal*, st. 23.

(4) Kuhn pense que *Wotan* et *Vâta* sont étymologiquement identiques. (*Sagen aus Westf.*, II, 33.) Et suivant Mone (*Anzeiger für Kunde der D. Vorzeit*, V, col. 486), *Wuotan* serait sorti de *Wuot*, comme *nomen majestatis* ou *grossnamen*.

comme le chasseur par excellence (1), comparable, pour la même raison atmosphérique, à Indra, que le cavalier le mieux monté ne peut atteindre, *nakih sv açva ânaçe* (2), et qui, avec Rudra, son *alter ego,* suivis l'un et l'autre des Maruts, leurs enfants et leurs créatures (3), est lancé à la poursuite incessante de ses antagonistes, les Vritras (4). Le caractère saillant de Rudra est d'être le démon de l'orage, et les Maruts participent si bien de sa nature qu'on les appelle tout court les Rudras (5). Plusieurs hymnes du Rig-Véda, entre autres le XXXVIIe du 1er mandala, peignent leur allure fougueuse et son effet terrifiant. « Devant votre marche, devant votre sauvage colère, les hommes se courbent, la colline et la montagne vous font place. Sous leur course semblable à l'ouragan, la terre tremble de crainte comme tremble le vieillard (6). Nous invoquons l'impétueux, le rapide Rudra, *vayan Rudram vankum,* le sanglier du ciel, *divo varâham,* bousculant tout sur son passage et faisant entendre le fouet, *kaça* (7) ».

(1) Autre Wodan, le Chasseur sauvage va par conséquent, lui aussi, comme le vent (V. Müllenhoff, *l. c.*, p. 371) : *läuft geschwind wie der wind,* et à son tour le Juif-Errant est « l'homme de l'ouragan ; » le vent l'amène et l'emmène. (V. Caignez, *Le Juif-Errant*, act. II, sc. 9 et *al.*) Cf. ci-dessus, p. 15, le dicton des paysans picards et bretons.

(2) *Rig-Véda*, I, h. 84, st. 3 ; vol. I, p. 677.

(3) *Rudrasya sûnavah*, fils de Rudra (*R.-V.*, I, 85) ; *Pitar marutâm,* père des Maruts (*Ib.*, I, 114, 9 ; I, p. 904) ; *Rudrasya martyâh*, créatures de Rudra (*Ib.*, 64 ; I, p. 575, et *al. pl.*)

(4) V., entre autres hymnes, l'h. 32 ; I, p. 309.

(5) *R.-Véda*, h. 85, st. 2 ; I, 690 : *Rudrâsah.*

(6) *Ni vo yâmâya mânusho dadhra vgrâya manyave | jihîta parvato girih. Ib.*, h. 37, st. 7 ; I, 367 ; *Yeshâm ajmeshu prithivî jujurmân iva viçpati | bhiyâ yâmeshu rejate*, st. 8.

(7) *Iheva çrinya eshân kaçâ hasteva yad vadâna. Ib.*, st. 3. C'est-

Il est inutile de continuer ces citations; celles que nous venons de produire suffisent, je pense, pour montrer que Indra comme Rudra, allant avec les Maruts à la chasse d'Ahi, sont effectivement identiques à Wodan et à la troupe choisie de ses satellites, les Einherjar, partant en guerre contre le loup Fenris (1). Il est d'ailleurs certain, tous les mythographes sont d'accord là-dessus, que le mythe de Wodan a donné lieu à la légende du Chasseur, qui, s'il n'est pas nommé sanglier lui-même, le chasse du moins (2). Le nom même de Wodan (Wuotan), les renseignements d'Adam de Brême en parfait accord avec l'étymologie du mot, nous le disent; le nom de Wodan est synonyme de fureur, *wut: Wodan id est furor* (3), et encore aujourd'hui on dit dans le peuple, en Bavière, à un homme brutal : *du bist a rechta woudi*, « tu es un véritable Wotan (4) ». C'est en conséquence de la qualité constitutive de son être que Wotan nous est montré par le mythe en rapport avec les *berserker* (5), singuliers personnages qu'un

à-dire le tourbillon qui fouille le sol et arrive comme la foudre qui l'accompagne.

(1) V. *Grimnismal*, st. 23.

(2) Wuttke, *Der Deutsche Volksaberglaube*, p. 18, 2e éd.

(3) Adami *Descriptio insularum Aquilonis*, ap. Pertz, *M. G. H.*, VII, p. 379: « Wodan, id est furor, bella gerit, hominique ministrat virtutem contra inimicos. » Aussi est-il appelé dans l'Edda *Herfadhir* et *Valfadhir*, père de l'armée et du champ de bataille. (*Grimnismal*. st. 25 sq.; *Voluspâ*, st. 1, et al.) Mars se conduit absolument comme Wodan : il souffle le feu des combats. (Virg., *Æn.*, XII, 332 sq.)

(4) Holland, *Sagen aus Altbayern*, dans *Zeitsch. für D. Myth.* de Meier, I, p. 449.

(5) Le mot vient de *ber=bar*, sans, privé, et *serkr* (= sarrau), blouse; en écossais, chemise se dit encore *sark*. Voltaire (*Hist. de Charles XII*, liv. V) a été heureusement inspiré en revêtant les paysans scandinaves

rien jetait dans le paroxysme de la fureur, et qui, à cause de cela sans doute, allaient tout *nus*: Odhinn, c'est-à-dire Wodan, les appelle à la besogne : *Odhinn kalladhi til berserki*, dit la *Gylfaginning*, strophe 49, et leurs fonctions datent de loin, car on lit déjà dans l'ancienne Edda : *Hyndluliódh*, strophe 23. « Des troupes de berserker répandaient, semblables à un incendie en mouvement, la frayeur et la terreur sur les terres et les eaux. »

Mais le signe tout spécial qui nous garantit la génération wodanique du Chasseur est la *pferdetrappe* dont il est question dans sa légende, parmi les populations du Harz et ailleurs (1). Le Chasseur aurait dit au Sauveur d'aller étancher sa soif dans une « empreinte du pied d'un cheval » sur un roc. Or, une telle empreinte marque toujours, en principe du moins, le passage de Wodan monté sur Sleipnir, son cheval blanc, comme Indra sur son blanc Uccaiḥçrava, le roi des chevaux (2), et comme elle se trouve attribuée aussi à la monture également blanche du Chasseur, on avouera que cette coïncidence ne peut être un effet du

de *sarraux*. « La plupart de ces laboureurs (Suédois), dit-il, vinrent vêtus de leurs sarraux de toile, ayant à leur ceinture des pistolets attachés avec des cordes. » (*Œuvres complètes*, IV, 497, éd. 1853.)

(1) V. Pröhle, *Harzsagen ;* Nork, *Andeut. eines Systems der Myth.*, p. 79, 100; Kuhn et Schwarz, *Norddeutsche Sagen*, 435, 499; Simrock, dans *Zeitsch. f. D. M.* de Wolf, I, p. 435; Müllenhoff, *Sagen, Märchen*, p. 545, où on lit qu'il y a une *rosstrappe* près de Ségeberg, dans le Holstein. Wolf, *Niederl. Sagen*, n° 11, en signale près de Liége, de Charleroi, de Dinant. Ce nom est aussi appliqué dans le Harz à un rocher célèbre par le saut d'un cheval que montait une princesse désenchantée d'un prince enchanté qui la poursuivait. (V. des légendes analogues chez Voulot, *Les Vosges avant l'histoire*, p. 166 sqq.)

(2) *Çveta evâçva râjo. Mahabh.*, I, cl. 1190, vol. I, p. 43.

hasard. Nous y voyons la preuve matérielle que la légende du Chasseur est sortie du mythe de Wodan avec lequel, d'ailleurs, les populations la confondent souvent. En plusieurs endroits, dans le Lauenbourg, dans la Poméranie et ailleurs (1), c'est Wodan qui est le Chasseur *éternel* (2), et à Ottobeuren, en Bavière, tout le tourbillon qui passe est appelé *Wuetes* (3). En Poméranie, le peuple, quand il entend un grand tapage dans l'air, ne dit pas : le chasseur passe ; il dit : le Wod passe ou chasse, *de Wod tucht* (4) ou *jöcht* (5). En Souabe, la chasse sauvage est appelée *Wuoteshere*, et le nom de *Wuetesch* (6), comme *Wode* en Poméranie et dans le Mecklembourg, est même employé pour désigner le Chas-

(1) Müllenhoff, ouv. cit., p. 373; Kuhn, *Sagen aus Westf.*, p. 359.

(2) *Ewiger Jäger*. (Kuhn, *Sagen aus Westf.*, II, p. 6.)

(3) Panzer, *Beitrag zur Mythologie*, II, p. 67.

(4) Litt. le W. tire, *zicht*, sous-entendu : *durch die Luft*, à travers l'air. Le verbe *teen* (ziehen) est pris ainsi au sens intransitif, comme il en est de *tirer* quand on dit : il tire au large. Cependant on peut aussi sous-entendre : une voiture, et lui laisser ainsi le sens qu'il a ordinairement, le sens transitif. En effet, Wodan, et par suite aussi le Chasseur, est, tout comme Indra et Mars, conçu comme *furmann* ou voiturier, dont le char produit les roulements du tonnerre et fait retentir les vastes espaces, comme le fait de son côté le hennissement (*thamanadatah*) du cheval d'Indra. (*Mahabh.*, I, cl. 5115). Dans la Thuringe et la Souabe, le Chasseur est : *der tolle furmann*, le voiturier furieux; ailleurs : *der ewige furmann*, le voiturier éternel. (Wuttke, *Der Deutsche Volksaberglaube*, p. 16, 2e éd.; Simrock, *H. d. D. M.*, p. 228 sqq.) Dans la Marche, on dit du Chasseur : *he treckt Sündachs met de hunne dörcht kören*, il tire (passe) le dimanche avec ses chiens par les blés. (Kuhn, dans *Zeitsch. f. D. Alt*, IV, p. 391.) *Trecken* et *teen* sont synonymes ; seulement *teen* est unipersonnel et a conservé la conjugaison forte.

(5) V. Alb. Hœfer, dans *Germania* de Pfeiffer, I, 101 ; Kuhn, *Sagen aus der Mark*.

(6) Birlinger, *Aus Schwaben*, p. 89 sqq.

seur. Enfin, on trouve encore l'expression d'*Odens jagd* (1). Mais le chrétien ne nomme plus que saint Hubert (2), ne se doutant pas que, par ce nom, il continue le culte de Wodan.

(1) Simrock, ouv. c , p. 141.

(2) Nom formé de *hutbert*, parce que Wodan était « porteur de chapeau, » c'est-à-dire coiffé de nuages comme Jupiter, ou les chassant devant lui comme Rudra. Cf. « *Der Mythenstein zieht seine haube an.* » (Schiller, *Guill. Tell,* act. I.) Le Mythenstein se couvre de son bonnet (= de nuages).

V

La démonstration que le Juif-Errant revient au Chasseur éternel, et que, par celui-ci, il remonte à travers les mythes météorologiques de Wodan et de Rudra, à une légende que nous a révélée son nom de Laquédem, et dont la parabole de Caïn et Abel nous dira, je crois, le dernier mot ; cette démonstration nous rend curieux de savoir si, sous une forme ou sous une autre, il n'y aurait pas quelque chose d'analogue à notre sujet chez les Grecs et les Romains. Nous y avons déjà touché par un mot, mais il faut voir la chose de près.

A un premier examen, on est tenté de retrouver notre légende dans le mythe de la terrible Hécate, Ἑκάτα δασπλῆτι (1), archère, comme son nom le dit (2), toujours par voie et par chemin, protectrice des chiens, et accompagnée d'eux, comme il est dit aussi du chasseur Wodan (3), identifiée d'ailleurs avec l'infernale Perséphone, comme Wod le chasseur infernal, le *heljäger*, l'est avec *hel* l'enfer, et, plus tard, avec le diable, cette Perséphone au cœur impla-

(1) Theocriti *Idyllion*, II, 15.

(2) V. Preller, *Griechische Mythologie*, p. 259, 3e éd.

(3) Alb. Hœfer, *Zur Myth. und Sittenkunde aus Pommern*, dans *Germania*, I, 104. — Les chiens, en Allemagne, portent souvent le nom de Wodan. (*Germania*, VIII, 380.)

cable qui conduit nuitamment la troupe des furies (1), comme le chasseur damné, *dammjäger*, les âmes de ceux qui ne peuvent trouver le repos, comme Marut les morts (2).

Jusqu'ici, le mythe grec s'accorde on ne peut mieux avec les mythes de Wodan et de Rudra, mais cependant la ressemblance est plus spécieuse que réelle. Quand on va au fond, on voit que le mythe d'Hécate est impossible à réduire à un fait historique. La Diane infernale est un fruit de l'imagination populaire surexcitée, et n'est pas autre chose. Dans la mythologie germanique, on pourrait lui assimiler la déesse Holla, qui conduit les sorciers et les sorcières, des « furies », dit une légende (3), et, effectivement, un prédicateur du XVe siècle, Joh. Herolt, nous apprend qu'on appelait Holla Diane, *quam quidam Dianam vocant* (4). Hécate n'est qu'une magicienne ambulante comme Médée, une sorcière comme Circé et la blonde Périmède, et on a même rapproché son nom du mot *hexe*, par l'intermédiaire de l'ancien bas-saxon *hagata*, termes qui, l'un et l'autre, veulent dire « sorcière » (5). La Thessalie la revendique, et sa place finale est dans le sabbat des mystères de toute

(1) Τῆς δ'ἠεροφοῖτις Ἐρινὺς... ἀμείλιχον ἦτορ ἔχουσα. (*Ilias*, IX, 571.) Cf. Scholia in Theocriti *Idyll.*, p. 19, éd. Didot : Τὴν Ἑκάτην φεσὶ παρόσον· Περσεφόνης τροφος.

(2) Kuhn, *Wodan*, dans *Zeitsch. f. D. A.*, V, p. 488 sqq. Panzer, *Beitrag zur Myth.*, II, 437, 527. Alb. Hœfer, *Zur Myth. und Sitt.*, dans *Germania*, I, 103.

(3) V. L. Bechstein, *Der Sagenschatz*, etc., des *Thüringerlandes*, III, p. 190.

(4) Grimm, *deutsche Mythologie*, p. 885.

(5) V. Mone, *Anzeiger für Kunde der Deutschen Vorzeit*, VIII, 445.

provenance, où le syncrétisme romain de l'époque de la décadence lui avait assigné le rang que méritaient ses enchantements et ses philtres, φάρμακα.

Sans doute, il faut l'accorder, Rudra, avec son cortége de Maruts, revient à une procession de trépassés ; étymologiquement, on ne saurait le contester, puisque *marut* dérive de *mrita*, mort, de *mri*, *mar*, mourir, en sanskrit, en zend et en latin *(mor-i)*, et les Einherjar que conduit Wodan sont des guerriers tombés sur le champ de bataille (1). Mais cela n'empêche qu'il n'y ait dans ce monde-là une vie et un mouvement exubérants, et rien qui rappelle le milieu où se plaît Hécate, à savoir les cimetières et le sang infect des cadavres : ἐρχομέναν νεκύων ἀνά τ' ἠρία καὶ μέλαν αἷμα (2). Il est vrai que son rôle premier est tout autre ; ce rôle est universel, car elle a en partage le pouvoir de tous les dieux (3).

N'importe ; convenons que le mythe d'Hécate n'est pas de la famille de la légende du Chasseur, et voyons ce qu'il en est de celui de Mars conduisant les processions et la danse des Saliens. Mais ici, loin d'avoir affaire à des âmes de morts ou à quoi que ce soit de néfaste ou de lugubre, nous ne rencontrons que la joie et la vie, la vie renaissante du printemps. Ce sont, non des spectres, mais

(1) Remarquons que le *totenmann* (homme des morts, fossoyeur) est appelé le vieux Juif, *der alte Jude*, dans quelques contrées d'Allemagne, dans la Haute-Silésie. (V. Vernaleken, *Mythen des Volkes in Oestreich*, p. 296.) Or le Juif-Errant est, comme nous l'avons déjà indiqué, un Wodan transformé.

(2) Théocrite, *loc. c.*

(3) Καὶ γέρας ἐν γαίῃ τε καὶ οὐρανῷ, ἠδὲ θαλάσσῃ, elle a puissance sur la terre, le ciel et la mer. (Hésiode, *Théog.*, 427.)

des vivants en chair et en os qui courent et se trémoussent avec Mars à leur tête, uniquement pour célébrer le dieu, non en tant qu'il est la personnification de la guerre, en laquelle qualité, comme le savait déjà Tacite (1), il est identique avec Wodan, mais pour la célébrer en ses fonctions de dieu du renouveau et de l'année renaissante. Il est vrai que certains passages d'Ovide et de Festus disent que Romulus avait consacré à Mars le premier mois, à cause de ses qualités guerrières qui plaisaient le plus aux peuples belliqueux du Latium (2), mais il n'y a là rien d'absolument contradictoire, le caractère du printemps étant ce qu'il est, turbulent au possible. C'est la saison qui remue la nature de fond en comble, et, comme dit le poète, la fureur de toutes les divinités capricieuses s'y donne carrière : *Vertumnis, quotquot sunt, natus iniquis* (3). Même comme dieu du printemps, Mars a ainsi droit à l'épithète d'*anhelus* qu'on lui attribue en sa qualité de dieu de la guerre. Ses fonctions en l'une et l'autre situation l'essoufflent également.

Le mythe de la divinité, dont les prêtres se faisaient de si jolis revenus par le *ver sacrum,* convient donc, de quelque côté qu'on le considère, à l'étude comparative

(1) Les Hermundures vainqueurs, dit-il (*Annal.,* XIII, 57), avaient dévoué les Cattes vaincus à Mars et à Mercure. (Cf. *Germania,* VII.) Or, Wodan était Mars et Mercure, comme on le savait encore au VIIe siècle. (V. la *Vie de S. Columban,* Mabillon, *Annales Benedictini,* I, p. 295, fol. 1703, et la glose citée par Holtzmann, *D. M.*, p. 35.) Mars et Mercure, chez les Romains, revenaient à un seul dieu. (Martial, *Epigr.,* V, 24.)

(2) Ovide, *Fastes,* III, 79 sqq. Pomp. Festus, *De Verb. signif.*, l. XI.

(3) Horat., *Satir.,* II, 7.

que nous faisons ici. Comme dieu du printemps, Mars faisait sauter et courir tout aussi bien que comme chef de guerre. Les Saliens (1) se trémoussaient en honneur du mois qui a pris du dieu le nom qu'il porte, et les cavaliers célébraient par le même motif des courses, *equiria,* au champ qui lui était consacré. Les uns et les autres reviennent ainsi, en leur valeur mythologique, aux Maruts et aux Einherjar.

Mais il y a, à ce qu'il semble, un point de rattache tout spécial entre le mythe de Mars et la légende du Juif-Errant. Varron nous dit que les Saliens, quand ils avaient terminé leurs processions, nettoyaient les trompettes sacrées dans la cour des cordonniers, sur le Palatin : *in atrio sutorio sacrorum tubæ lustrantur* (2). Pourquoi dans la cour des cordonniers? Mars était-il le patron des cordonniers? Nullement. Que conclure alors de cette coïncidence cordonnière? Ne disons pas qu'il en résulte que Mars avait du *pech* (malheur) comme notre Juif, bien qu'à tout prendre la métaphore et la comparaison soient autorisées par des légendes (3). Non ; la cour des cordonniers pourra nous servir mieux, et voici comment.

Nous avons parlé de Persée et de sa grosse sandale, σανδάλιον μέγαθος, qui ressemble fort au gros soulier, *skó thokkvan,* de Widar passé dans les attributions du Juif-Errant. Si, ce qui est mythologiquement probable, ces

(1) *Salii a sallendo et saltando,* dit Festus, l. XVII.

(2) Varro, *De lingua latina,* VI, 14.

(3) V. Grimm, *Kinder und Hausmärchen,* I, p. 158, 5e éd. On y apprend comment la poix (*pech*) est synonyme de « malheur. » Une jeune fille paresseuse reçoit, au lieu de la pluie d'or qu'elle attendait, un chaudron plein de poix qui la souille de la tête aux pieds.

deux chaussures sont les mêmes, Persée (1) et Widar personnifiant également le renouveau, le renouvellement du monde, puisqu'ils tuent, l'un les forces hostiles et les ténèbres, dans la personne de la Gorgone Méduse (2), et l'autre dans celle du loup Fenris; le dieu Mars, qui, en sa qualité de démon du printemps, n'est qu'un autre Persée ou un autre Widar, nous conduit, par la cour des cordonniers du Palatin, à lui identifier le cordonnier Ahasvérus qui, sous le nom de Buttadeus, dieu poisson, peut passer, d'un côté, pour le patron du mois où la nature entre en plein travail de renouvellement, le mois d'avril, et de l'autre, comme nous le verrons, pour la figure équivalente du poisson mystique, Ἰχθύς, le Rénovateur par excellence, le soleil idéal, le Christ.

Personne ne nous accusera, je pense, de donner par ces explications un poisson d'avril ; la vérité est qu'elles

(1) C'était la croyance des Égyptiens, nous dit Hérodote (II, 91), que lorsque la chaussure de Persée avait paru quelque part, la fertilité et l'abondance allaient régner dans toute l'Égypte : Τὸ *ἐπεὰν φανῇ, εὐθενέειν ἅπασαν Αἴγυπτον*. Pour les Égyptiens, Persée était un des aspects du dieu Ra, le soleil; et la *Théogonie* d'Hésiode nous apprend que, Titan chez les Grecs, Persée dans la mythologie grecque, personnifie également la lumière du jour. Il est le fils du soleil, Hélios. (Hésiode, *Théog.*, v. 956.) Le sang de Persée, dit Jupiter, le père du jour (*Diespiter*) et le soleil même (*eundem esse Jovem ac solem.* Macrobe, *Sat.*, I, 23), est mon sang, *quis sanguinis auctor ipse ego.* (Stace, *Thébaïde*, I, v. 224.)

(2) Il n'y avait qu'une seule Gorgone, bien qu'Hésiode en nomme trois, ce qui paraît inutile. On voit, en effet, que Méduse étant tuée, il n'est plus question de Stheno et d'Euryale. Du reste, Homère, les tragiques, Apollonius et autres, ne parlent jamais que d'une seule Gorgone. C'est toujours *Γορφώ, Γοργοῦς, Γοργείη, Γοργείην*. (*Ilias*, V, 741; VIII, 349; XI, 36; *Odyss.*, XI, 634; Apollonii *Argonautica*, IV, v. 1515.)

ouvrent une échappée de vue non encore ouverte dans l'interprétation de notre légende. Nous y reviendrons. En attendant, mentionnons, pour ne rien négliger, quelques fables arabes auxquelles on pourra trouver un air de famille avec le Juif-Errant. On lit dans le Qorân (1) qu'un certain Samari, c'est-à-dire un Samaritain, car le nom ne veut pas dire autre chose, avait fabriqué le Veau-d'or, et, en punition de ce crime, il se serait vu condamner par Moïse à errer perpétuellement sur la surface de la terre. « Éloigne-toi d'ici », lui aurait dit le législateur courroucé. « Ton châtiment dans ce monde sera celui-ci ; tu diras à quiconque te rencontrera : Ne me touchez pas ». Samari va donc, et son mouvement perpétuel lui a valu le surnom de tourneur, *al kharaïthi* (2).

Ce qui est fâcheux, c'est que, de tout cela, il n'y ait pas un mot dans l'Exode (3). On peut donc soupçonner Mahomet ou son secrétaire d'avoir inventé ce récit. Quant à une autre légende qu'Herbelot rapporte, d'aprés l'auteur du Nighiaristan, d'un certain Fadhilah qui vit un jour, dans une vallée de Syrie, un vieillard à tête chauve, tenant un bâton à la main et ayant l'air d'un derviche qui, sur la demande qui il était, lui répondit : « Je suis ici par l'ordre du Seigneur Jésus ; il m'a laissé en ce monde pour y vivre jusqu'à ce qu'il vienne une seconde fois en terre, etc. (4) » ; quant à cette légende, elle rentre trop évidemment dans le cycle légendaire d'Élie et de saint Jean, pour qu'il soit besoin d'insister

(1) *Sur.*, XX, 90, 96 sq.
(2) Herbelot, *Bibliothèque orientale*, III, p. 197.
(3) V. le récit de l'*Exode*, ch. XXXII, consacré au fait du Veau-d'or.
(4) Herbelot, *loc. c. sub voce Zérib.*, III, 607.

là-dessus. Et pour ce qui est du vieux Juif qui, au rapport d'Al Kazwini (1), se montre la nuit sur la surface de la mer où il erre et suit les navires, il se termine trop en poisson pour le regarder sans rire. C'est le rêve d'une imagination malade, où il n'y a même pas un grain de cette naïveté dont ailleurs les contes de poissons ne sont pas dépourvus (2).

(1) Ap. Bochart, *Hierozoicon*, II, col. 858 sq.

(2) V. quelques-uns de ces contes chez Birlinger, *Volksthümliches aus Schwaben*, I, 132.

VI

Mais puisque nous voilà revenu en Orient, où nous avait conduit d'abord le nom de Laquédem, restons-y. Les mythes cosmiques de Rudra, avec lequel Indra s'identifie parfois (1), et de Wodan, équivalant à Mars, nous ont permis de saisir la filiation qu'a avec eux la légende du Chasseur sauvage qui mène la chasse de Caïn, et se confond, dans le sentiment populaire, avec le Juif-Errant. Laquédem serait-il donc identique avec Caïn? Certaines inductions nous l'ont fait affirmer déjà, mais il faut justifier davantage cette affirmation.

Il n'est pas admissible d'interpréter, avec Goldziher et d'autres, la légende de Caïn et d'Abel au sens atmosphérique du mythe d'Indra et d'Ahi ; encore moins de n'y voir que la relation du premier meurtre qui ait affligé l'humanité. Nous ne pouvons admettre l'interprétation de Goldziher (2), et ne voir en Caïn qu'un héros solaire (3) à la manière de Persée ou d'Indra, et,

(1) Cela résulte de ce qu'Indra est invoqué avec les Maruts (V. *R. Véda,* h. 100, st. 1-15), et que les Maruts ou Rudras composent son entourage et lui montrent en quelque sorte le chemin où il doit marcher. (*Ib.*, h. 101, st. 4, 7.)

(2) V. *Der mythos bei den Hebrœern,* p. 129 sqq.

(3) Tout aussi peu, pour le dire en passant, que dans le Buddha-

dans Abel, l'obscurité que répandent les nuages personnifiés en la Gorgone et en Ahi, parce qu'il est abondamment prouvé que les Hébreux et leurs congénères n'avaient pas du tout le sens mythique développé dans la direction où il se manifeste chez les Indo-Européens. Il leur arrivait sans doute d'exalter ou de diviniser le soleil et les autres phénomènes cosmiques; mais la chose, qu'on me permette de le dire, ne se passait pas avec la naïveté et l'innocence qu'y mettaient les ancêtres de notre race, à nous. Chez ceux-ci, on restait dans le domaine d'un vague polythéisme; chez ceux-là, on tombait tout de suite dans l'idolâtrie la plus prononcée.

Maintenant, quant à l'autre interprétation du récit biblique, nous ne pouvons l'admettre, par la raison fort simple qu'un meurtre particulier, quelque grave que le fait soit en lui-même, est de trop mince importance dans l'histoire générale du genre humain pour fixer l'attention des peuples, et, par suite, celle de l'historien. Si donc les faits et gestes de Caïn et d'Abel ont trouvé un écho dans les annales primitives, il faut que la crise où ils aboutissent se rapporte, non pas à un simple meurtre commis par un particulier sur un autre particulier, mais au plus grand crime qu'il soit possible de commettre contre l'humanité. Or, je n'en sais et personne n'en sait de plus grand que la guerre.

L'histoire de Caïn et d'Abel est une parabole, et ni

Çâkya. C'est une explication fantastique, et M. Renan a eu raison de s'inscrire en faux contre une pareille interprétation. (V. *Journ. As.*, juillet 1876, p. 32.) Nous avons d'ailleurs démontré la réalité ethnographique de Çâkya dans notre ouvrage : *Le Buddhisme, le Nirvâṇa*, etc., 1873.

Caïn ni Abel ne sont des personnes réelles. Le premier représente les peuples qui s'adonnent à l'agriculture ; l'autre, les peuples pasteurs. Mais la culture de la terre, quoiqu'elle soit l'art par excellence de la paix, est néanmoins ce dur et servile travail qui nous fait manger notre pain à la sueur de notre front. C'est vraiment le *labor improbus*, labeur rude et vil, labeur aléatoire, labeur qui excite et nourrit dans l'homme une foule de basses passions ; entre autres, la crainte, l'envie, la haine et surtout cette manie de s'arrondir, comme on dit, dont l'âpreté dépasse parfois l'imagination. C'est un fait, que le paysan vit dans des transes perpétuelles, et, vienne une occasion où ce qui l'oppresse pourra éclater, il donnera un libre cours à ses rancunes et aux penchants de violence que l'implacable servitude du sol a nourris en lui. Alors, c'est la guerre des paysans, la guerre féroce et impitoyable contre un voisin favorisé d'occupations plus faciles et plus agréables (1). Ce voisin, à l'origine de la société, est possesseur et gardien de troupeaux. Les poètes, d'accord avec les observateurs, l'ont toujours chanté, et toujours aussi ils ont poussé des lamentations sur le sort du laboureur.

Mais les occupations relativement paisibles et peu aléatoires du pasteur le rendent aussi plus faible que son rude et grossier voisin, et de la sorte si, poussé par ses basses passions, Caïn, la manie de la propriété terrienne personnifiée, *der Eigenthumssüchtige*, comme son

(1) Les conditions de la vie pastorale, dit le voyageur russe Prshewalski à l'occasion des Mongoles, ne favorisent que trop l'oisiveté. Les soins à donner aux troupeaux n'exigent absolument aucun travail fatigant. (Ap. Bastian, *Zeitsch. für Ethnologie*, VII, p. 361.)

nom l'indique très-bien (1) ; si, dis-je, Caïn s'élève contre son frère, le doux gardien de moutons, il le vaincra, l'abattra à ses pieds et volontiers le tuera.

Alors, qu'arrivera-t-il ? La Némésis se dressera devant le meurtrier, et les furies le saisiront. Il voudrait se vomir lui-même, et, dévoré par d'invincibles remords, il se verra forcé de quitter le sol qu'il a souillé ; désormais il mènera une vie vagabonde, une existence maudite, juste comme la légende le dit du chasseur damné, *dammjäger,* et du

Juif qui est errant
Parmy le monde, pleurant et souspirant.

Cette interprétation de la parabole de Caïn et d'Abel n'est pas arbitraire ; elle trouve sa confirmation dans les commencements des diverses sociétés où les peuples, aussi longtemps qu'ils restent barbares ou sauvages, subissent la malédiction que leur penchant pour la guerre entraîne avec lui. Et pour ne pas sortir du domaine de la légende, on dirait que la parabole biblique se reflète dans le mythe eddaïque des Ases et des Vanes, présentés comme les fauteurs de la première guerre qui eut lieu dans le monde. Le nom même des Vanes invite à la comparaison, car le sens étymologique en correspond à celui d'Abel. Le nom d'Hébel, הֶבֶל s'explique par הָבַל, *vane egit,* et la Bible emploie le mot dans le sens de *res vana, vanitas,* néant (2). De son côté *van,* d'où dérive

(1) R. Hirsch, *Der Pentateuch,* I, p. 93.
(2) Jérémie, X, 3.

Vanir, signifie « être privé de », et, comme substantif, « illusion » ou « vanité ».

Nous voyons ainsi dans les Vanes de véritables Abéliens. Les Eddas et l'Ynglinsaga en parlent longuement (1). Cette dernière les montre doux et paisibles, demeurant dans l'origine en Orient, côte à côte avec les Ases, leurs alliés. Néanmoins, ces alliés par le sang leur étaient étrangers par les dispositions morales : les Ases étaient d'une nature rude, violente et surtout cupide. L'envie qu'ils portaient à leurs voisins dans l'aisance, l'*auri sacra fames* (2), les poussa à leur faire une guerre d'extermination. L'infâme Loki, *Loka ótheckan,* chef des Ases, tua Baldr, chef des Vanes, par la main de l'aveugle Hödhr. Mais Hödhr est la personnification de la guerre, comme Mars qui engendre la terreur et la peur, et marche de concert avec cette engeance à la destruction de la société (3). Et c'est ainsi, dit l'Edda, que s'accomplit dans le monde le fait lamentable, *harmslaug,* du premier meurtre : *that var enn fólevig fyrst i heimi* (4).

Dès lors, les Ases ont couru le monde entier, et on dirait qu'agités et fugitifs sur la terre, c'est d'eux que

(1) V. *Voluspâ, Gylfaginning; Ynglinsaga*, chapp. I, V, dans *Heimskringla edr Noregs konunga Sögor,* par Snorra Sturlusyni, I, pp. 5, 9; éd. 1777, par Schöning, Kopenhague.

(2) Cela est énigmatiquement exprimé dans la *Voluspá* par le mot *gullveig*, breuvage d'or, qui paraît avoir été la cause de la première guerre.

(3) Hesiod., *Theog.*, 933 sqq., Φόβον καὶ Δεῖμον σὺν Ἄρηϊ πτολιπόρθῳ.

(4) *Voluspá*, st. 1-22, dans l'*Edda* de Saemund, III, p. 35; Hafniæ, 1828; st. 25-37, chez Holtzmann, *Die ältere Edda.* Cf. Ferd. Vetter. *Freyr und Baldr*, dans *Germania*, XIX, 204; Karl Meyer, *Germania*, XVII, p. 198 sqq.; Holtzmann, *Deutsche Myth.*, p. 48, 268.

leurs descendants, les Germains, tiennent ce penchant irrésistible qui les pousse à quitter sans esprit de retour le sol natal, pour se répandre dans tous les pays du globe. Il est du moins certain que la légende du Chasseur perpétuellement errant a été toujours cultivée avec prédilection par les Allemands ; dans aucun pays, elle n'a pris tant de formes et d'aspects divers qu'en Allemagne (1), et il s'ensuit qu'on est fondé à soutenir que c'est une création véritablement allemande. C'est donc aussi un symbole national, car tout ce que nous créons est à notre image, à notre ressemblance et nous représente.

Cependant, le fond de la légende ne cesse pas pour cela d'être un fait historique primordial. Ce que nous voulons dire seulement, c'est que l'Allemagne, en s'appropriant ce fond, l'a frappé à son type, même sous la forme que le Chasseur a prise dans la légende du Juif-Errant. Le Juif-Errant allemand a changé sa constitution exotique primitive, à l'instar de ce qui se passe sur le sol allemand à l'égard de ses congénères vivants, dont un grand nombre présente le phénomène étrange de Juifs à cheveux blonds (2).

(1) Voy. les collections de légendes de Kuhn, Meier, Rochholz, Pröhle, Müllenhoff, ouv. c., p. 360 sqq.

(2) Le dernier recensement l'a constaté, et Virchow a porté le fait à la connaissance du Congrès anthropologique qui s'est tenu à Iéna au mois d'août de cette année, 1876. On a trouvé plus de 11 p. 100 de juifs blonds.

VII

Il nous semble que la filiation du Juif-Errant se trouve maintenant suffisamment élucidée, et que l'étude des mythes parallèles nous a éclairés aussi sur le sens originel du légendaire vagabond. Caïn fut le premier qui fit la guerre et qui tua son frère, le doux et paisible Abel ; le premier, Ahasvérus-Laquédem, demanda la mort du Juste : *primus Christum cruci suffigendum exclamaverit* (1). Le châtiment de Caïn est d'errer agité sur la terre ; une légende du XIIIe siècle nous le montre qui roule jusqu'à la fin du monde, renfermé dans un tonneau, autour d'une vaste et stérile plaine qu'elle nomme le désert d'Abillant (2). L'expression est peut-être symbolique, et signifie le pays d'Abel, la terre que le meurtrier a ensanglantée et rendue stérile. Le châtiment de Laquédem ne manque pas non plus de grandeur tragique. « Je suis, dit-il, de ceux qui, par leur arrogance, crucifièrent le Sauveur des humains (3) », et de même que l'Éternel mit un signe sur Caïn afin que personne ne le

(1) Boulenger, *loc. c.*

(2) V. *Huon de Bordeaux*, ch. XXXIV, dans la Bibliothèque bleue.

(3) V. ci-dessus, p. 14, *Complainte d'un Juif encore vivant, errant par le monde*, st. 5.

tuât, le Christ détourne la mort de la tête de Laquédem. « La mort ne me peut rien », dit-il,

Chacun meurt à son tour,
Et moi je vis toujours.

On n'a guère compris ce que signifie la sentence que Jésus renouvelle en punition de la « cruelle audace » du Juif. Des poètes ont voulu faire mourir le « cruel et rebelle » ; Ed. Grenier a imaginé « la mort du Juif-Errant », et Schubart le fait s'endormir d'un sommeil qui ressemble au sommeil éternel (1). La légende, d'ailleurs, n'a pas été plus intelligente à l'égard du Chasseur, dont le Juif est la forme renouvelée ; dans la Westphalie, on montre la tombe du Chasseur sauvage sur le Hainberg, près de Bockenem (2). Cependant le Chasseur, pas plus que le Juif, ne saurait mourir, car Caïn, son ancêtre, ne meurt pas ; personne ne le tuera. La chasse est synonyme de guerre ; l'une comme l'autre « dresse des piéges dans le sang (3) ». Si jamais on voit la fin de la guerre, ce sera quand il n'y aura plus de combattants. La guerre seule pourra tuer la guerre, et c'est ce que la vieille Voluspâ nous fait entendre, quand elle dit que Vali, à qui appartient le champ de bataille jonché de cadavres, brûle l'aveugle Hödhr (4). Mais cela

(1) En 1834, un poète dramatiqûe a montré, à la Porte-Saint-Martin, le Juif-Errant prenant son vol vers le ciel en compagnie de Franklin et de Napoléon.

(2) Kuhn, *Sagen*, etc., *aus Westfalen*, I, 315.

(3) Michée, VII, 2.

(4) *Voluspâ*, st. 37. Cf. Karl Weinhold, *Die Sagen von Loki*, dans *Zeitsch. für D. A.*, VII.

n'arrivera qu'à la fin du monde actuel, qui périra, comme Ilion, jusque dans ses ruines : *etiam periere ruinæ* (1).

Toutefois, c'est pour renaître sous une autre forme, et je ne sais si, par une sorte d'intuition prophétique, comme on en rencontre tant dans les dépositaires inconscients des mystères de l'humanité, la légende n'a pas voulu indiquer ce renouvellement par le nom de *Buttadeus,* qu'elle attribue au Juif-Errant qui, d'abord et avant tout, est le symbole de l'état discordant actuel du genre humain, et par conséquent celui de l'obscurité. Ce nom singulier, avec lequel nous avons déjà fait connaissance, se trouve mentionné, pour la première fois et comme au hasard, dans la *Praxis Alchymiæ,* imprimée à Francfort en 1604, de Libavius (2), savant médecin oublié aujourd'hui, injustement sans doute, car, le premier, il eut la grande et salutaire idée de la transfusion du sang. Mais que signifie le nom de Buttadeus? Nous n'hésitons pas à l'interpréter par « poisson-dieu ». En effet, quand on le décompose, on a *butta* et *deus* (3). Or *butta,* en tant que mot de provenance allemande et, par conséquent, allemand, *butta* désigne

(1) Lucain, *Pharsale*, IX, 969. Je marque l'endroit de ce passage, parce que plus d'une fois j'ai pu voir que des professeurs même de l'Université ne savent pas où il se trouve.

(2) Libavii *Praxis Alchymiæ*, p. 637, in-8°. Habituellement on le trouve cité fautivement sous le nom de Libarius et de Liberius.

(3) Libavius, et tous ceux qui reproduisent le nom (Schudt, *Compend. hist. jud.*, III, 8, p. 461; Martin Dröscher, *Dissertatio theol. de duobus testibus vivis,* c. II, § 1 sqq., et autres) écrivent *dæus*, mot qui n'en est pas un, car il n'a pas de sens. C'est donc chez Libavius un *lapsus calami* ou une faute d'impression ; les autres l'ont copié sans inquié-

un des poissons les plus estimés du genre *rhombus* (1), auquel appartient aussi ce turbot de Domitien, au sujet duquel le sénat romain ne crut pas déroger, en délibérant à quelle sauce il fallait le manger, ou du moins comment il convenait de le préparer (2). Martial nous dit que, pour ne pas se rendre à un repas où on servait un turbot, il ne pouvait y avoir qu'un seul motif : avoir la certitude d'entendre lire à table de mauvais vers (3). C'était donc et c'est encore, on peut le dire, le poisson par excellence. Aussi, une de ses variétés est-elle nommée *heiligbutt,* rhombe sacré.

Ne sait-on pas que la primitive Église aimait, en vue du déluge de nos péchés, à désigner le Christ par le mot ἰχθύς, parce que le Sauveur demeure comme un « poisson » vivant au milieu des abîmes d'eau, où nous autres nous périssons ? Plus tard, le symbolisme passablement raffiné des Alexandrins trouvait dans ce mot, indiqués initialement, les mots d'une phrase que saint Augustin nous a conservée (4), et qui est Ιησοῦς Χριστὸς, Θεοῦ, Υἱὸς Σωτήρ, Jésus-Christ, fils de Dieu sauveur. De ce

tude. On retrouve, estropié quant à la première partie, mais correctement quant à la seconde, le nom de *Buttadeus* chez les Saxons de la Transylvanie sous la forme de *Bedeus.*

(1) Cela n'empêche que, étymologiquement, le mot ne soit synonyme de « *bout* d'homme » ou de « nain. » Les lutins ou farfadets (*kobolde*) sont des *butte.* (Simrock, *Handb. der D. M.*, p. 472.) D'un autre côté, Förstemann (*Altdeutsches Namenbuch,* v. *Bud*) interprète *Butte* par « seigneur. »

(2) Juvenal, *Satire* IV.

(3) Martial, *Epigram.*, III, 45.

(4) August., *De civitate Dei,* XVIII, 23.

Piscis, les païens ont ensuite fait le sobriquet de *pisciculi* (1), donné aux chrétiens.

Or, quand on réfléchit que, comme Jésus-Christ, le Juif Buttadeus est toujours par voie et par chemin, qu'il n'a pas de lieu où reposer sa tête, sinon nuitamment, sur une sorte de croix improvisée avec un arbre ou avec des instruments aratoires (2), qu'on le voit assister dévotement aux sermons et donner le bon exemple d'un pécheur qui veut expier son crime (3); qu'il gémit de ne trouver à ses différentes visites que des juifs dans la ville chrétienne de Hambourg (4); qu'il exhorte les gens (5) et les convertit en tous pays, grâce à la faculté qu'il a de comprendre et de parler, comme les apôtres, toujours la langue du pays qu'il traverse (6); qu'il accepte

(1) Tertullian., *De Baptismo,* I: « Sed nos pisciculi secundum ἰχθὺν nostrum Jesum Christum, etc. »

(2) V. Kuhn, *Sagen aus Westfalen,* I, p. 115; II, p. 33. Müllenhoff, *Sagen,* etc., *aus Holstein,* etc., 160, 547.

(3) « Je fay, dit-il, icy bas pénitence, etc. » V. ci-dessus, l'avant-dernière strophe, p. 22. Dans l'*Histoire admirable,* etc., de Bruges, il dit qu'il n'a pas voulu se laisser baptiser, et il ajoute: « Et m'en ai repenti (p. 26). »

(4) C'est un trait rapporté par Pierre Dupont.

(5) Dans le cantique, l'œuvre d'un romancier moderne d'Épinal ou de Montbéliard, qui suit la complainte, le Juif-Errant s'écrie:

> Amendez-vous, pécheurs, amendez-vous;
> Songez à l'état de vos consciences;
> Afin d'apaiser de Dieu le courroux,
> Disposez-vous à faire pénitence!

(V. le cantique, st. 13, dans la *Légende du Juif-Errant,* par P. Dupont, p. 5.)

(6) *Discours véritable,* etc., p. 7: « Aussitôt qu'il entre en une terre, il entend la langue. »

l'aumône sans en avoir besoin pour lui-même et seulement pour la distribuer aux pauvres (1), qu'il fait des miracles (2) et se montre cependant constamment doux et humble, qu'il n'est sévère qu'aux impies et aux blasphémateurs; je dis que lorsqu'on réfléchit à tous ces traits auxquels on trouvera à en ajouter d'autres également édifiants, il est difficile de se refuser à la pensée que la légende, par l'attribution du nom de « dieu-poisson », a eu en vue l'identification finale du Juif criminel et sombre d'allures avec le Juif pur et lumineux, le Christ, rénovateur et vivificateur comme le soleil, le soleil levant (3).

Maintenant, on voit distinctement aussi le joint déjà indiqué de notre légende avec les mythes de Persée, de Widar et de Mars. Le *punctum saliens,* la victoire du soleil sur les ténèbres, est le même chez tous; seulement les procédés diffèrent. Ce que le mythe réalise par un acte dramatique, la légende l'opère par une transformation morale. Persée, Bellérophon, Widar, Mars entrent en lutte ouverte contre un monstre, qui vit d'une existence séparée de la leur; Laquédem n'accomplit qu'un combat tout intérieur. La légende a christianisé le mythe. Pour elle, la Gorgone, la Chimère, le Loup est le péché

(1) « Si on luy bailloit quelqu'argent, il ne prenoit pas plus de deux ou trois sols, et tout à l'heure les donnoit aux pauvres. » (V. *Discours véritable*, etc., p. 5.) Ces deux ou trois sols deviennent deux schillings ou un groschen dans les récits allemands, et cinq sous dans la complainte d'Épinal, et dans le cantique.

(2) V. D. Calmet, *Dictionnaire de la Bible,* s. v. Juif-Errant.

(3) On sait que l'Église appelle le Christ: *O Oriens, splendor lucis æternæ, et Sol.* (V. les Antiennes qui annoncent la fête de la naissance du Sauveur.)

mortel qu'a commis Ahasvérus et qu'il expie par ses courses forcées et par les œuvres de charité, dont son existence ambulatoire lui fournit fréquemment les occasions. Au surplus, l'intention de la légende se manifeste déjà, nous l'avons vu plus haut, dans le conte du Chasseur, l'ancêtre immédiat d'Ahasvérus. Il apparaît même avec la qualification de *butta,* et cela surtout dans des pays foncièrement catholiques, comme par exemple la Westphalie. Il y porte le nom de *buddejäger* (1). La christianisation de notre héros est donc fort ancienne, relativement parlant, et ainsi nous sommes assurés que Libavius (+ 1616) n'a pas inventé l'épithète de *buttadeus.* Il l'a trouvée établie dans la tradition populaire, comme, du reste, il est aisé de le voir à la manière dont il cite le mot (2).

Mais cette hardiesse de la légende qui ramène Wodan, c'est-à-dire le diable (3), et le Christ, c'est-à-dire le prince de la paix, à l'unité personnelle de Laquédem-Buttadeus, ne saurait étonner; le peuple, tout comme le génie, est un grand philosophe; ses créations, si divergentes qu'elles

(1) Kuhn, *Sagen aus Westf.*, II, 12.

(2) « Alius ipsum (sc. *Ahasverum Judæum*) appellat Buttadæum, alius aliter (*loc. c.*). »

(3) Nous avons déjà indiqué l'identification de Wodan avec le diable. Aussi le Chasseur, qui est Wodan, ne craint-il rien tant que la figure de la croix. Quand il passe et qu'on se croise les bras, ou qu'on se place à un endroit où les chemins se croisent, on n'a rien à craindre de lui. (V. Hœfer, dans *Germania,* I, 103; Birlinger, *Aus Schwaben,* p. 94.) L'identification de Wodan et du Chasseur avec le diable s'étend aussi au Juif. Un proverbe frison appelle le diable *de olle Jöd,* le vieux Juif. (Kern, *Ostfriesland wie es denkt und spricht,* 122, 3e éd.)

soient, aboutissent toujours à une synthèse quelconque. La seule condition pour cela, c'est qu'elles soient inconscientes. L'inconscience est la loi de toute véritable création. Si celui qu'on peut appeler le *Chrétien errant*, François d'Assise, n'est point parvenu à s'identifier avec le Christ, c'est uniquement parce que la condition d'inconscience a manqué aux créateurs de sa légende. Pour y mettre trop de *voulu*, ils ont été faiseurs plutôt que créateurs. La légende du chef de l'ordre ambulant par excellence (1) présente son héros toujours en fuite devant le diable dans les gorges de la Verna (2), et recevant la promesse que cette existence inquiète et vagabonde, si elle était correctement suivie, ne finirait qu'avec le monde. Mais on n'a pu faire qu'elle le fût longtemps ; la décadence des religieux mendiants s'accuse visiblement déjà, alors qu'ils n'ont pas encore traversé un seul siècle ; la polémique de John Wiclef, curé de Lutterworth (3), et les satires de Chaucer en font foi (4), et le Christ d'Assise s'en est allé à vau-l'eau, malgré les auto-da-fé avec lesquels ses indignes disciples prétendaient le glorifier (5).

(1) Sa marche fut si rapide, qu'après vingt-cinq ans d'existence on trouve les Franciscains déjà au cœur de la Russie, et au-delà de l'Asie, parmi les Tatars.

(2) « Crudo sasso infra'l Tevere et l'Arno. » (Dante, *D. C.*, Parad., XI, 106.)

(3) *Nomen omen*, c'est le cas de le dire. Le précurseur de Luther, curé d'un endroit qui *vaut Lutter* ou en a la vertu ; car c'est ainsi qu'on peut traduire le nom de Lutterworth.

(4) V. *The Sompnoures Tale*, v. 7348 sqq., et *The Prologue*, dans les Contes de Canterbury, v. 209-272. Cf. R. Pauli, *Bilder aus Alt-England*, p. 45 sqq.

(5) Le premier bûcher, sur lequel ils eurent la satisfaction de brûler vif un wiclefite, date du 26 février 1400.

Peut-être aussi que la légende de saint Christophe a fait tort à celle de saint François. Déjà un chrétien errant ou du moins intrépide marcheur se trouvait *ab antiquo* identifié avec le Christ. Saint Christophe portait le Sauveur à cheval sur ses épaules, *puerum sibi in humeris elevans, Christum portavit* (1), et ainsi il se présentait au peuple comme un autre Hercule (2). Impossible de lutter victorieusement avec un symbole aussi populaire. Mais la tentative du génie poétique le plus inconscient qui fût, au moins dans sa première période, la tentative que Gœthe a faite, dans la pièce déjà mentionnée, en nous présentant le Juif-Errant sous un point de vue renouvelé du moyen âge, à la manière satirique et goguenarde de Hans Sachs, aurait pu peut-être, à cause du talent du poète, rajeunir la conception qui se révèle dans le nom de Buttadeus. Autant, du moins, que nous en pouvons juger par l'état fragmentaire où est restée cette pièce, Gœthe, sans connaître d'ailleurs, à ce qu'il paraît, le nom fatidique de Buttadeus, songeait à l'assimilation finale du Juif-Errant et du Christ. Les allures du Christ gœthéen ressemblent à s'y méprendre à celles de Buttadeus. Il erre au loin et arrive, sur l'appel du Père, en bronchant tout à travers les étoiles, pour recevoir

(1) Jacobus de Voragine, *Legenda aurea,* XCV. Le peuple et l'Église même n'ont pas cessé d'ajouter foi à cette légende créée par la primitive Église. Luther voyait en saint Christophe l'exemple et l'image de la vie chrétienne : « Exempel und Ebenbild eines christlichen Lebens. Daher heisst auch ein ieglicher Christ Christoferus, das ist, ein Christtreger. » (Ap. Joh. And. Tafinger, *Dissertatio theologica de invocatione S. Christophori,* etc. Tubingæ, 1748, p. 15 sq.)

(2) Sur une métope retrouvée dans les fouilles d'Olympie, Hercule porte en effet la charge habituellement dévolue à Atlas.

une mission de charité relativement à la planète terrestre, déjà visitée par lui. L'état où il la trouve lui ôte, dit-il, le repos dans le sein de Dieu. Il la parcourt, et, tout à ses investigations et informations, il passe par les campagnes et les villes, paraissant aux gens un étranger pauvrement vêtu. Ils disent : Cet homme arrive de bien loin. Où qu'il s'informe, il en entend de belles sur la manière dont on pratique la religion ; et si, intrigué par ses allures, on lui demande qui il est, il répond, en s'éloignant d'un pas tranquille : « Enfants, je suis le fils de l'homme ». Fils de l'homme ? On ne sait ce que cela veut dire, mais la forte tête de l'endroit explique que le père de ce fils s'appelle Homme.

VIII

Il est temps de nous résumer.

Le Juif-Errant finit, sous le nom de Buttadeus, par s'identifier avec le Christ, et cette transformation laborieuse part d'une base fort compliquée. L'origine de notre héros est, en effet, dans une triple filiation. La légende a réuni en lui le Cartaphilus arménien, toujours en visites de bon voisinage et en goguette chez les gens d'église ; le charpentier au pied léger, né dans cette tribu que la Genèse compare à une biche libre (1), et le Chasseur sauvage qui ne dort jamais, comme le « veilleur éternel », *ewiger nachtwœchter*, avec lequel le peuple l'identifie dans quelques pays (2). Par Cartaphilus, notre héros se rattache à ce jeune Juif bien-aimé qui était censé devoir rester sur la terre jusqu'à la seconde venue du Christ ; il est judéo-chrétien. Par le portier de Ponce-Pilate, il devient une « âme criminelle », condamnée à quelque grande peine ; par le Chasseur, cette peine se réalise sous la forme d'une existence perpétuellement errante. Le coupable est « en marche jour et nuit » ; il ne peut s'arrêter ni s'asseoir : *nec stare nec sedere*

(1) La tribu de Nephtali. V. *Genèse,* XLIX, 21.
(2) V. Kuhn, *Sagen,* etc., *aus Westf.,* II, 33.

potuit (1). « Quand je m'arrête, dit-il (2), je suis dessus des charbons ardens ; encore bien que je suis assis, mes jambes remuent ». En effet, le Christ lui avait dit :

Ich zwar gehe bald zur Ruh,
Aber wandern sollst nun du
Und warten, bis ich komme (3).

De ces trois éléments, le dernier est le plus important ; s'il n'était venu se joindre aux autres, nous n'aurions eu qu'un Juif localisé, mais le Juif *errant* n'existerait pas, et l'étude comparative qu'on ferait à son sujet des mythes d'Indra, de Rudra, de Persée, de Mars, de Wodan serait sans but ni raison. Le Chasseur seul s'identifie intimement avec le Juif-Errant, et la preuve c'est que souvent le peuple les confond l'un avec l'autre, qu'il nomme l'un pour l'autre (4). Mais par le Chasseur, nous remontons aisément à Widar et à Wodan ; puis de là à Indra, à Rudra, à Persée, à Jason, à Mars, à Bellérophon, qui, tous, personnifications du vent ou démons de l'orage, vont, cavaliers ou voituriers consommés (5), à la poursuite de quelque ennemi voisin ou

(1) Hadeck, *loc. c.*, § IX. L'ouvrage est de 1681.

(2) *Histoire admirable,* etc., p. 40.

(3) W. Schlegel, *Die Warnung*, st. 18.

(4) Meier, *Schwäbische Sagen*, I, 116 ; Simrock, *Handb. der D. M.*, p. 226.

(5) Partout, dans le Véda, Indra apparaît à cheval ou monté en voiture traînée rapidement par deux chevaux jaunes d'or, *harî*. V. *R. V.*, m. I, h. 82, dont presque toutes les strophes se terminent par la phrase : « *Yojâ nv Indra te harî,* attelle maintenant, ô Indra, tes *haris.* » Cf. h. 84, st. 2 : « *Indram indharî vahato,* les *haris*

du moins localisé. Le Chasseur seul, et plus encore à son imitation le Juif, courent indéfiniment dans l'espace, sans but précis, à l'instar des âmes en peine, et c'est en effet ces âmes qu'ils représentent. Comment? Mais, par un retour inconscient de la légende au sens primitif de la fable, où les Maruts ou Rudras, qui entourent leurs chefs, *marutvantas*, et les entraînent, *rudrânâm eti pradiça* (1), ne sont au fond que des âmes. C'est un fait que, dans les idées de la haute antiquité, le vent est adéquat à l'âme ou l'esprit; un seul et même radical désigne l'un et l'autre, tant dans les langues indo-européennes que dans les idiomes sémitiques (2). Rappelons seulement les mots *âtman, aṅhva (cf. anhelitus), anima,*

conduisent Indra, » et ailleurs. — Persée va combattre à cheval le monstre éthiopien (V. Hesiodi *Theogonia,* v. 280 sqq.), et, Andromède délivrée, Bellérophon se sert de Pégase pour fondre sur la Chimère. (*Ib.,* v. 319 sqq.; Schœmann, *Die Hesiod. Theog.*, p. 158; Preller, *Gr. Myth.*, II, 71.) Quant à Mars, le mythe le dote, comme Indra, de deux coursiers, *equi bijuges* (*Georgica,* III, 91), qu'il aiguillonne et qui volent plus rapides que le vent. (Ovide, *Fast.*, II, 858 ; Virg., *Énéid.*, XII, 332 sqq.) Porté sur les chevaux de Mars, Quirinus échappe à l'Achéron. (Horat., *Odes,* III, 3.) Nous avons déjà dit que Wodan va à cheval ou en voiture. L'Edda ne le représente qu'à cheval, à moins qu'elle ne lui fasse traverser les espaces au vol. (*Havamal,* st. 156; *Voluspâ,* st. 64.) Il en est de même du Chasseur; il est cavalier ou voiturier. (V. Simrock, *D. M.,* p. 229.)

(1) V. *Rig-Véda,* h. 101, st. 4 sqq.

(2) Chez les Égyptiens, il est vrai, un seul et même hiéroglyphe, l'*épervier,* signifiait l'*âme* et le *sang;* ensuite de quoi Moïse, qui avait puisé sa science en Égypte, a dit : « L'âme, c'est le sang, » (*Lév.*, XVII, 11); mais c'était là l'âme animale. L'âme spirituelle, le principe subtil, qui quitte le corps à l'heure de la mort et voyage dans les mondes ultraterrestres, est désignée par l'hiéroglyphe du *phénix,* et aussi par celui de l'*étoile.* (Voy. *Horapollon,* par Lauth, dans *Sitzungsberichte der k. Academie zu München,* 1876, t. I, p. 78.)

spiritus, pneuma, geist, ruach, le *spiritus Dei*. Il est d'ailleurs certain que, dans le mythe de Wodan, le populaire en Allemagne voit depuis longtemps une procession d'esprits (1), et dans la légende du Chasseur, comme nous l'avons déjà dit, un cortége d'âmes damnées (2). Dès lors, nous sommes en présence d'un fait psychologique et moral, d'un fait humain par conséquent et, de plus, historique. Une simple donnée psychologique et morale ne suffit pas pour créer un mythe, encore moins une légende ; pour qu'ils aient prise sur l'imagination populaire, il leur faut un fond historique (3). La légende d'une âme agitée et sans repos exige, pour point de départ, l'histoire d'un homme coupable et partant errant et fugitif.

Mais quel est l'homme en qui les documents les plus anciens que nous ayons personnifient un fait de ce genre ? Si ce n'est pas celui du document que reproduit, d'après d'autres plus anciens sans doute, le chapitre IV de la Genèse, on cherche vainement ailleurs. Le sagace trouveur d'histoires primordiales, George Smith, est mort, et ne sera certes pas de sitôt remplacé (4). Nous pouvons donc, en attendant,

(1) Cf. Kuhn, dans *Zeitschrift für D. A.*, V, p. 488 ; Hœfer, dans *Germania* de Pfeiffer, I, p. 103.

(2) Cf. Bechstein, *Der Sagenschatz*, etc., *des Thüringerlandes*, I, p. 135.

(3) La généralité des mythographes s'est fourvoyée en expliquant uniquement les mythes par des motifs cosmiques, par des impressions que les phénomènes météorologiques et autres auraient faites sur les hommes des anciens jours. C'est faire trop d'honneur au soleil, à la lune, à l'aurore, à la pluie et au beau temps. J'y vois, avec Holtzmann, un engouement qui passera, et un jour on arrivera à distinguer clairement que le *principal* motif des mythes est dans des faits *historiques*.

(4) Quoi qu'on en ait dit dans le *Journal savant* de Gœttingue, on ne rabaissera pas un tel mérite avec des jeux de mots.

accepter la légende de Caïn comme la légende mère de nos mythes cosmiques par la suite, puis comme la source spontanément renouvelée du Juif-Errant. La descendance est suffisamment illustre, et, pour la rendre plus grande, il n'est pas besoin de la transformer par des éléments cosmogoniques, comme l'a fait Quinet, ou par des motifs lyriques à la Schubart, ou par des faits romanesques, ainsi que l'a essayé le R. G. Croly avec son Salathiel.

Laquédem est donc le descendant légendaire du maudit, אָרוּר (1), que personne ne tuera; Caïn est son ancêtre. Mais Caïn est maudit, parce que, le premier, il a outragé l'humanité en versant le sang humain, parce qu'il l'a tuée, autant qu'elle peut l'être par un homme. Inventeur du fléau qui désole l'humanité, comme l'ouragan dévaste la nature, Caïn est la personnification de la guerre toujours fratricide, et, coupable sans trouver le repos nulle part, c'est avec vérité que nous l'entendons nous dire par son descendant : « Je n'ai pour compagnons de voyage que les vents, la foudre et les tempêtes (2) ».

> ... Le tourbillon m'entraîne.
> C'est l'humanité que Dieu venge.

Béranger remonte de quelque manière, par le mot « humanité », aux sources de notre légende, mais faute de la comprendre seulement dans le sens moral dont l'opposé

(1) *Genèse*, IV, 11.

(2) Caignez, *Le Juif-Errant*, act. II, sc. 9. Cf. le dicton des paysans de Picardie et de Bretagne, cité plus haut, p. 311.

est « l'inhumanité » d'un autre poète (1), il emploie le mot à faux. C'est aussi le cas de Reiffenberg, qui voit dans le Juif-Errant « une leçon d'humanité en ce que ce personnage montre à tous les yeux le châtiment de celui qui insulta aux douleurs inouïes du Sauveur du monde (2) ». Le savant éditeur de la *Chronique rimée* croit-il donc aussi que c'est arrivé? D'autres exégètes ne sont guère mieux inspirés, quand ils prennent le Juif-Errant pour le représentant du peuple juif, en ce que ce peuple, coupable en bloc, il paraît, est perpétuellement à l'état errant, qu'il n'est nulle part chez lui, qu'il n'a pas de *home*. Rien n'est plus faux, et Simrock a déjà remarqué que c'est là une explication inadmissible (3). Du reste, demandez à tous les Juifs.

« La prédilection supposée aux Juifs, dit l'un d'eux (4), pour l'existence errante, est un des axiomes créés par le fanatisme de la race arienne ». Et, en effet, où et quand a-t-on jamais vu les Juifs errant comme les Tsiganes ou Gitanos? Partout ils sont établis, et si solidement que les gouvernements, au temps passé, chaque fois qu'ils ont voulu se débarrasser d'eux, pour une cause ou pour une autre, mais surtout parce qu'ils leur devaient

(1) Ed. Grenier, *La mort du Juif-Errant*, ch. III, v. 12 :

Le plus grand des forfaits, c'est l'inhumanité.

dit Ahasver à son hôte.

(2) V. l'*Annuaire de la Bibliothèque royale de Belgique*, III, p. 199, 1842.

(3) *Zeitschrift für Deutsche Mythologie* de J. W. Wolf, I, p. 432.

(4) J. Derenbourg, *Revue critique* du 30 septembre 1876, p. 214, note 1.

beaucoup d'argent, ont dû recourir aux moyens les plus violents. Jamais nulle part, à moins d'être chassés et dépouillés, les Juifs n'ont pu se décider à quitter leurs domiciles ; jamais la vie errante n'a été de leur goût ; ils ont regretté même la terre si excessivement dure pour eux, la terre des Pharaons. Bien plus, les Juifs sont si peu enclins à changer de pays, que volontiers ils se l'approprieraient et diraient aux aborigènes, comme le personnage de la comédie :

La maison m'appartient ; je le ferai connaître.

Et effectivement, la crainte qu'ils n'en vinssent là a parfois obsédé le moyen âge. On leur interdisait, à cause de cela, l'accès aux charges publiques (1) et aussi le prosélytisme (2). Un *lied* de cette époque pousse à persécuter les Juifs, « parce qu'ils veulent nous chasser ».

Zu trost der christenheit,
Dass wir die juden zwingen,
Die uns wöllen vertringen.

Le sens de notre légende est donc tout autre que l'état supposé du peuple juif. Le mot de son origine est la guerre, et sa fin, nous croyons l'avoir démontré, trouve son expression dans le nom de Buttadeus, en ce qu'il revient à l'expression qui désigne le Christ, à savoir ἰχθύς. Oui, certes, l'allégorie de la légende est transparente ;

(1) « Ne Judæi super Christianos magistri vel ministri ponantur. » (*Monum. Germ. hist.*, II, p. 79; *pars altera*. Cf. p. 97.)

(2) *Ib.*, p. 121.

l'inconnu qu'elle renfermait, nous l'avons dégagée : c'est l'évolution de la guerre, l'état originel de l'humanité, aboutissant à la paix, qui est son état typique. La paix est la fin de toute agitation et de tout discord ; toutes choses se meuvent en cette fin. Le poète a donc été bien inspiré en mettant dans la bouche du Juif-Errant ces deux vers, qui résument le sens et la portée de l'existence du héros :

> La fin de l'univers est la fin de mes maux !
> Pour eux tous, c'est la mort ! Pour moi, c'est le repos ! (1)

Voilà l'apophthegme de notre légende ; et maintenant, pour terminer, nous pouvons dresser, par un tableau synoptique, l'arbre généalogique de notre héros. Le voici :

LE FAIT BRUT.
Caïn (la guerre). — Nephtali. — Énoch. — Élie.
Rudra. — Mars. — Wodan. — Ostiarius. — Saint Jean.
Chasseur sauvage. — Cordonnier. — Cartaphilus.
Juif-Errant. — (Xerxès) Ahasvérus.
Isaac Laquédem. — Ἰχθύς.
Buttadeus (la paix).
L'IDÉAL PHILOSOPHIQUE.

(1) *Le Juif-Errant*, de Scribe, act. IV, sc. 4.

www.ingramcontent.com/pod-product-compliance
Ingram Content Group UK Ltd.
Pitfield, Milton Keynes, MK11 3LW, UK
UKHW020350180726
13839UKWH00003B/1003

9 782329 369815